LERN STARK

Fit in der Grundschule

Mathematik 3

Lern- und Übungsbuch

Schroedel

LERN STARK

Mathematik 3

Lern- und Übungsbuch

Autorin:

Tanja Blumberg, Mutter von drei Kindern, unterrichtet seit 1997 Mathematik in der Grundschule. Sie hat bereits mehrere Lernhilfen verfasst. Ihre Werke werden von ihren Kindern geprüft.

Druck[1] / Jahr 2011

Redaktion: Anna-Kathrin Körner
Kontakt: lernhilfen@schroedel.de
Herstellung: Sandra Grünberg
Illustrationen: Hans-Jürgen Feldhaus, Münster und Thies Schwarz, Hannover
Umschlaggestaltung und Layout: Klaxgestaltung, Braunschweig
Umschlagfoto: Peter Wirtz, Dormagen
Satz: Satz und mehr, Bad Nenndorf
Druck und Bindung: westermann druck GmbH, Braunschweig

ISBN 978-3-507-**23238**-9

Vorwort

Liebe Schülerin, lieber Schüler,

du möchtest fit in der Grundschule werden?
Das **LERNSTARK Lern- und Übungsbuch** hilft dir dabei! Mit diesem Buch kannst du die Inhalte des Mathematikunterrichts im 3. Schuljahr wiederholen und üben. Zu jedem wichtigen Thema gibt es eine **Doppelseite**. So wird der Stoff in übersichtliche Einheiten gegliedert, die dir das Lernen erleichtern.

Anschaulich erklärte **Regeln** und wertvolle **Tipps** helfen dir bei der Bearbeitung der Aufgaben.

Am Ende jedes Kapitels überprüfst du mit einem **Test** deinen Lernerfolg.

Mithilfe des **Lösungsheftes** hinten im Buch kannst du kontrollieren, ob du alle Aufgaben richtig bearbeitet hast. Hier findest du auch die Auswertungen zum Test.

Bei der Arbeit mit diesem Buch stehen dir Fred und Ratze mit Tipps und Tricks zur Seite.

Wenn du im Buch einmal nicht genug Platz für die Bearbeitung der Aufgaben findest, nimm einfach ein Heft zur Hand.

Viel Erfolg!

Tanja Blumberg

Inhaltsverzeichnis

Rechnen mit dem Hunderterfeld

Regel

1	2	3	4	5	6	7	8	9	10
11	12	13	14	15	16	17	18	19	20
21	22	23	24	25	26	27	28	29	30
31	32	33	34	35	36	37	38	39	40
41	42	43	44	45	46	47	48	49	50
51	52	53	54	55	56	57	58	59	60
61	62	63	64	65	66	67	68	69	70
71	72	73	74	75	76	77	78	79	80
81	82	83	84	85	86	87	88	89	90
91	92	93	94	95	96	97	98	99	100

Das Hunderterfeld enthält alle Zahlen von 1 bis 100. Wenn du seinen Aufbau gut kennst, kannst du im Zahlenraum bis 100 einfacherer rechnen und später den Aufbau des Zahlenraumes bis 1 000 besser verstehen.

1. **Notiere die markierten Zahlen.**

a)

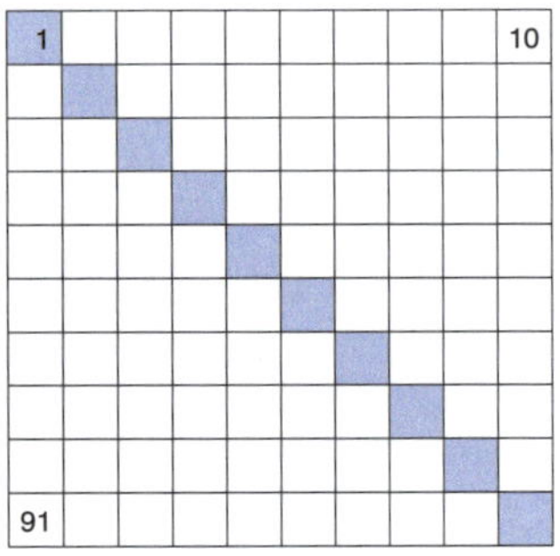

1, 12, ...

....

....

....

b)

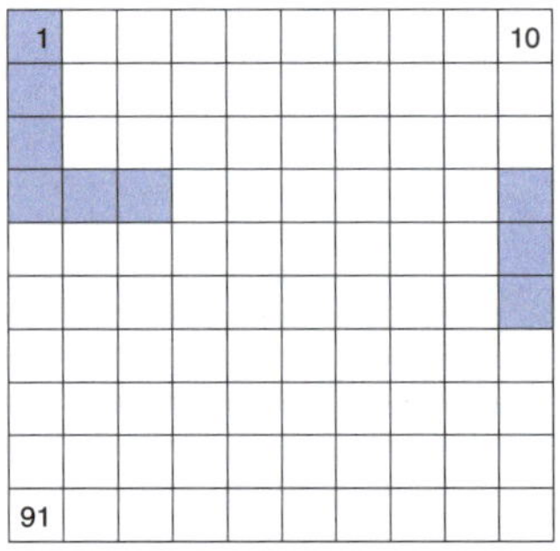

....

....

....

....

2. **Markiere die vorgegebenen Zahlen im Hunderterfeld.**

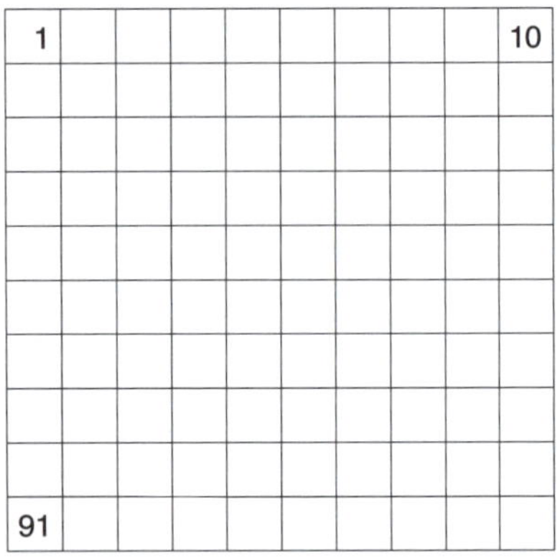

46	23	63
28	77	24
45	75	68
74	27	76

3. **Ordne die Zahlen der Größe nach. Beginne mit der kleinsten Zahl.**

19 20 16 23 87 90 85 61

....

4. **Setze die Reihe fort.**
Markiere die jeweiligen Zahlen auch im Hunderterfeld.

a) 5 | 15 | [ ] | [ ]
[ ]
[ ]
95 | [ ] | [ ] | [ ]

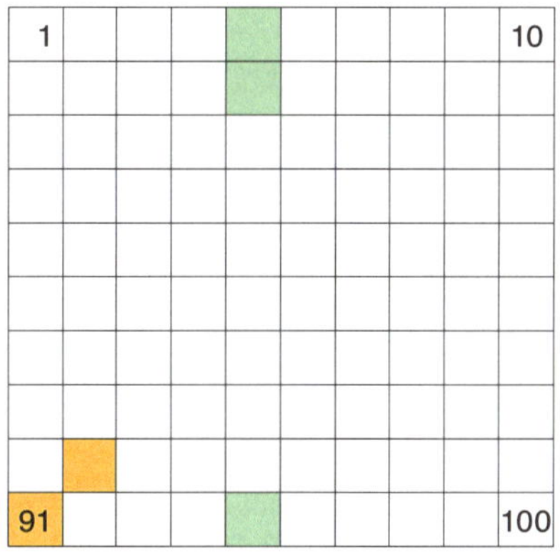

b) 91 | 82 | [ ] | [ ] | [ ] | [ ] | [ ] | [ ] | [ ] | [ ]

5. **Wie kommst du jeweils zur nächsten Zahl? Trage ein.**
Markiere die Ergebniszahlen.

17 → +13 → 30 → 82 → 22
↓ 15
↓ 70 → 43 → 13 → 1
↑ 7
↑ 17

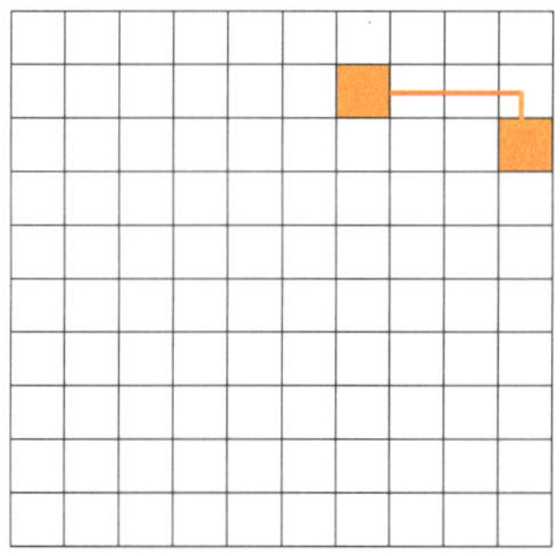

6. **Im Kino „C 100“ sitzt Lotta auf Platz 5 in der ersten Reihe. Niklas sitzt 3 Reihen hinter ihr. Florian sitzt 4 Plätze rechts von Niklas. Welche Nummern haben die Plätze von Florian und Niklas?**

Antwort: ....
....
....

1. Im Kopf rechnen

Bis 100 addieren und subtrahieren

Regel

Beim Addieren und Subtrahieren gibt es Rechentricks. Je nach Aufgabenstellung kannst du mit verschiedenen Tricks rechnen.

Aufgabe		Tauschaufgabe
3 + 8 = 11	→	8 + 3 = 11
↓		↓
11 − 8 = 3		11 − 3 = 5
Umkehraufgabe		Umkehraufgabe

1. Tauschaufgaben. Rechne zuerst die leichtere Aufgabe.

9 + 60 = ... 12 + 47 = ... 7 + 35 = ...

60 + 9 = 69 47 + 12 = ... 35 + ... = ...

6 + 57 = ... 30 + 69 = ... 14 + 54 = ...

57 + ... = ... + ... = ... + ... = ...

2. Umkehraufgaben.

a) Rechne eine Additionsaufgabe und eine Subtraktionsaufgabe.

49 − 8 = 41 97 − 39 = ... − 18 = 25

.... + 8 = 49 39 + ... = 97 25 + 18 = ...

b) Finde die Umkehraufgabe.

76 − 23 = 35 + 18 = 41 − 18 =

Regel

Die Nachbaraufgabe und die Analogieaufgabe sind zwei weitere Tricks, die dir das Rechnen erleichtern.

Aufgabe
18 + 3 = 21 ⟶ **Nachbaraufgabe** 18 + 2 = 20
↓
8 + 3 = 11
Analogieaufgabe

3. Nachbaraufgaben. Rechne zuerst die leichtere Aufgabe.

31 + 19 = ...	90 – 29 = ...	54 + 28 = ...
31 + 20 = 51	90 – 30 = ...	54 + 26 = ...
67 – 38 = ...	22 + 19 = ...	84 – 48 = ...
67 – .... = ...	.... + ... = ...	.... – .... = ...

4. Analogieaufgaben.

a) Rechne zuerst die leichtere Aufgabe.

58 + 7 = ...	16 – 9 = ...	47 + 8 = ...
8 + 7 = 15	76 – 9 = ...	7 + 8 = ...

b) Finde eine passende Analogieaufgabe.

34 + 7 = ...	56 – 24 = ...
.... + 7 = ...	.... – .... = ...

5. Finde einen passenden Rechentrick.

17 + 54 =   44 – 19 =   23 + ... =

1. Im Kopf rechnen

Multiplizieren

Regel

Statt mehrfach die gleiche Zahl zu addieren, kannst du multiplizieren.

Beispiel:

● ● ● ● ● ●
● ● ● ● ● ●
● ● ● ● ● ●

$6 + 6 + 6 = 3 \cdot 6 = 18$

$3 + 3 + 3 + 3 + 3 + 3 = 6 \cdot 3 = 18$

1. Schreibe jeweils zwei passende Additions- und Multiplikationsaufgaben auf.

2 + 2 + 2 + 2 = ...

....

....

....

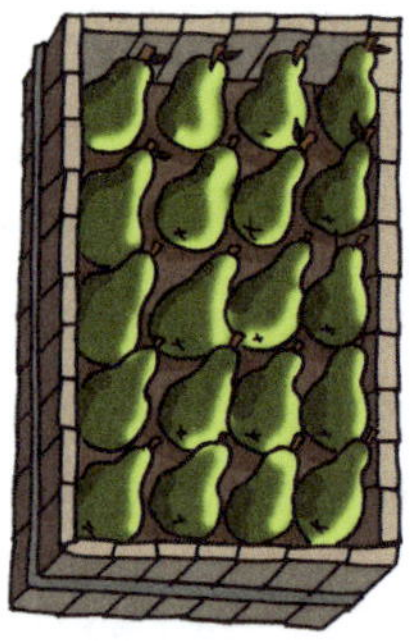

....

....

....

....

2. Schreibe die Tauschaufgabe. Rechne.

$4 \cdot 5 =$ ....
$5 \cdot 4 =$ ....

$3 \cdot 8 =$ ....
$8 \cdot 3 =$ ....

$9 \cdot 4 =$ ....
$4 \cdot$ ...... $=$ ....

$8 \cdot 7 =$ ....
$7 \cdot$ ...... $=$ ....

$10 \cdot 0 =$ ....
.... $=$ ....

$6 \cdot 8 =$ ....
.... $=$ ....

3. Wie viele Punkte hat Julian nach drei Würfen?

Rechnung: ....

Antwort: ....

....

4. **Berechne die Tabelle. Male anschließend die Ergebnisse, die mehr als zweimal vorkommen, jeweils in der gleichen Farbe an.**

•	1	2	3	4	5	6	7	8	9	10
4										
8										
6										
3										

Tipp
Diese Aufgaben solltest du unbedingt auswendig können.

5. **Quadratzahlen**

1 • 1 = ...

2 • 2 = ...

3 • 3 = ...

4 • 4 = ...

5 • 5 = ...

6 • 6 = ...

7 • 7 = ...

8 • 8 = ...

9 • 9 = ...

10 • 10 = ...

6. **Verbinde die Punkte der Größe nach.**

Zu welcher Reihe gehören die Zahlen?

Einmaleins der ....

Dividieren

Regel

Beim Dividieren teilst du eine Menge in mehrere kleinere, aber genau gleich große Mengen.

Beispiel:  Immer 4 Blumen: 12 : 4 = 3
Verteile auf 3 Vasen: 12 : 3 = 4

1. **Daniel teilt seine 15 Fußball-Sammelkarten mit seinen Freunden Jan und Ole. Wie viele Karten bekommt jeder?**

Rechnung: ....

Antwort: ....

2. **Schreibe jeweils zwei passende Divisionsaufgaben auf.**

a)  ....
....

b)  ....
....

Tipp

Du kannst aus einer Malaufgabe eine Geteiltaufgabe machen und umgekehrt.
Das ist die **Umkehraufgabe**.

3. **Schreibe die Umkehraufgabe. Rechne.**

20 : 4 = ...
...... • 4 = 20

21 : 7 = ...
...... • ...... = ...

36 : 6 = ...
...... • ...... = ...

5 • 6 = ...
...... : 6 = 5

9 • 3 = ...
...... : ...... = ...

8 • 4 = ...
...... : ...... = ...

Regel

Beim Dividieren bleibt häufig ein Rest übrig. Beim Rechnen muss der Rest notiert werden, damit die Aufgabe stimmt.

Beispiel: 9 : 2

9 : 2 = 4 Rest 1

kurz: 9 : 2 = 4 R 1

4. Beim Wettpusten sollen Jasmin, Manuela und David gleich viele Luftballons aufpusten. Wie viele Luftballons muss jeder aufpusten?

Rechnung: ……………………………………

Antwort: ……………………………………

5. Rechne.

22 : 7 = ……… R ………　　47 : 5 = ……… R ………　　60 : 8 = ……… R ………

12 : 9 = ……… R ………　　32 : 6 = ……… R ………　　29 : 3 = ……… R ………

6. Bestimme den Rest. Färbe passend.

16 : 5　52 : 7　19 : 9　32 : 10　37 : 6　66 : 9

19 : 3　48 : 5　50 : 8　29 : 3　37 : 5

7. Berechne.

9 : 3 =　　72 : 8 =　　50 : 7 =

34 : 4 =　　40 : 6 =　　24 : 5 =

7 : 1 =　　80 : 9 =　　0 : 5 =

1. Test

Bist du fit?

1. **Setze die Reihe fort.**
Markiere die jeweiligen Zahlen auch im Hunderterfeld. /14

a) 9 | 18 | ___ | ___

___

___

90 | ___ | ___ | ___

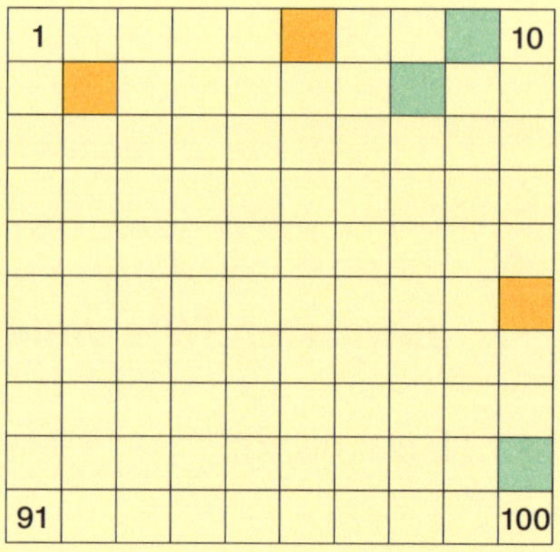

b) 6 | 12 | ___ | ___ | ___ | ___ | ___ | ___ | ___ | 60

2. **Rechne die Aufgaben mit passendem Rechentrick.**
Schreibe den verwendeten Trick unter die Aufgabe. /6

a) 90 − 29 =   8 + 63 =   42 − 18 =

b) 57 + 7 =   76 − 9 =   32 + 29 =

3. **Berechne.** /16

a)

·	3	6	9	8
7				
4				

b)

·	5	10	7	3
6				
8				

4. **Schreibe die Umkehraufgabe. Rechne.** /6

4 · 5 =   35 : 7 =   3 · 8 =

5. **Dividiere. Achte auf den Rest.** /6

40 : 6 = ... R ....   57 : 7 = ... R ....   22 : 5 = ... R ....

40 : 9 = ... R ....   57 : 8 = ... R ....   22 : 3 = ... R ....

6. **Setze die richtigen Rechenzeichen ein.** /9

8 ☐ 9 = 72   54 ☐ 6 = 9   17 ☐ 35 = 52

88 ☐ 9 = 79   4 ☐ 4 = 16   46 ☐ 38 = 8

43 ☐ 19 = 62   7 ☐ 6 = 13   27 ☐ 9 = 3

7. **Anna, Leon und Jakob teilen sich eine Packung Kaugummi.**
In der Packung sind 13 Kaugummistreifen. /3

Frage: ....

Rechnung: ....

Antwort: ....

8. **Wie viele Felder hat ein Mensch-ärgere-dich-nicht-Spiel?** /2

.... Felder

Dein Testergebnis /62

Zahldarstellungen

Regel

Zahlen kannst du verschieden darstellen.

Beispiel: 473 vierhundertdreiundsiebzig 473 = 400 + 70 + 3

H	Z	E
4	7	3

□□□□ ||||| || •••

1. Trage ein.

Zahl	Stellenwerttafel	bildliche Darstellung
163	H Z E _ _ _	
	H Z E 2 2 5	
	H Z E _ _ _	□□□□ | ::::: :
	H Z E _ _ _	□ ||||| ||||| ::::

Tipp

Denke daran:

1 Tausender = 10 Hunderter 1 Hunderter = 10 Zehner 1 Zehner = 10 Einer

2. Schreibe mit Ziffern.

dreihundertvierundfünfzig 354

siebenhundertdreiundzwanzig ....

achthundertachtundachtzig ....

neunhunderteins ....

zweihundertdreißig ....

eintausend ....

Tipp

Jeder Hunderter ist genau gleich aufgebaut.

101	102	103	104	105	106	107	108	109	110
111	112	113	114	115	116	117	118	119	120
121	122	123	124	125	126	127	128	129	130
131	132	133	134	135	136	137	138	139	140
141	142	143	144	145	146	147	148	149	150
151	152	153	154	155	156	157	158	159	160
161	162	163	164	165	166	167	168	169	170
171	172	173	174	175	176	177	178	179	180
181	182	183	184	185	186	187	188	189	190
191	192	193	194	195	196	197	198	199	200

201	202	203	204	205	206	207	208	209	210
211	212	213	214	215	216	217	218	219	220
221	222	223	224	225	226	227	228	229	230
231	232	233	234	235	236	237	238	239	240
241	242	243	244	245	246	247	248	249	250
251	252	253	254	255	256	257	258	259	260
261	262	263	264	265	266	267	268	269	270
271	272	273	274	275	276	277	278	279	280
281	282	283	284	285	286	287	288	289	290
291	292	293	294	295	296	297	298	299	300

3. Welche Zahlen fehlen? Trage ein.

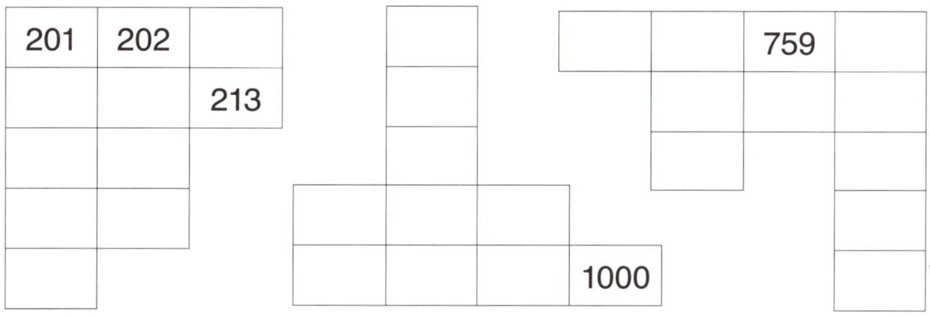

4. Schreibe die Zahlen auf.

→ : 301, ...

....

....

→ : ....

....

....

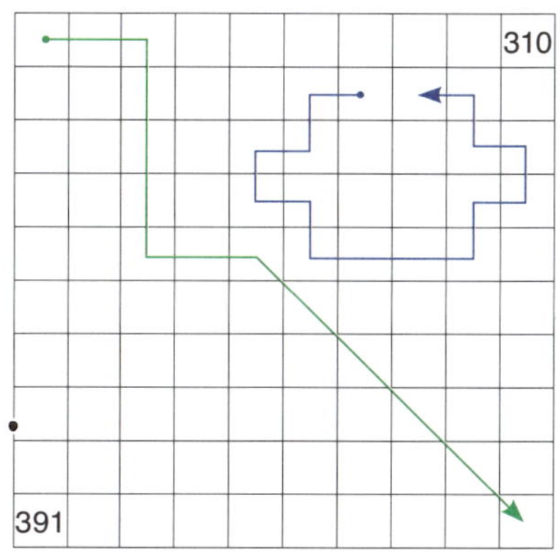

Zahlenstrahl

Regel

Auf dem Zahlenstrahl stehen alle Zahlen in einer Reihe nebeneinander.
Jede Zahl hat Nachbarn.

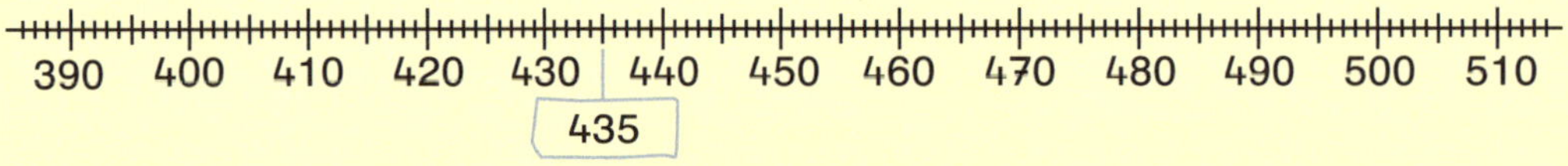

Nachbarzahlen:	434 435 436	
Nachbarzehner:	430 435 440	
Nachbarhunderter:	400 435 500	

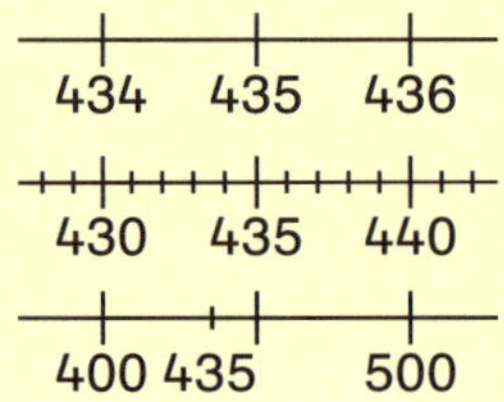

1. Ergänze die fehlenden Zahlen.

a)

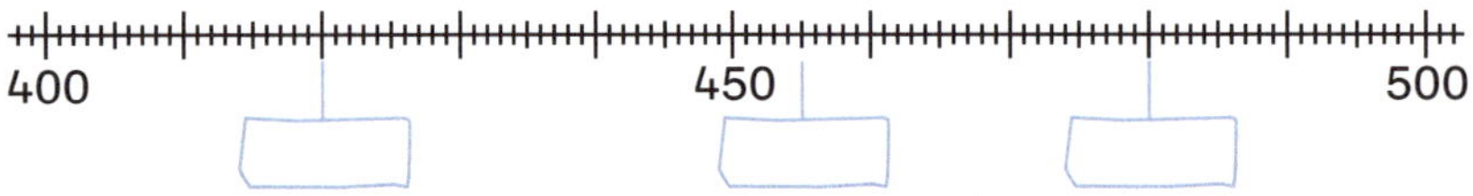

b)

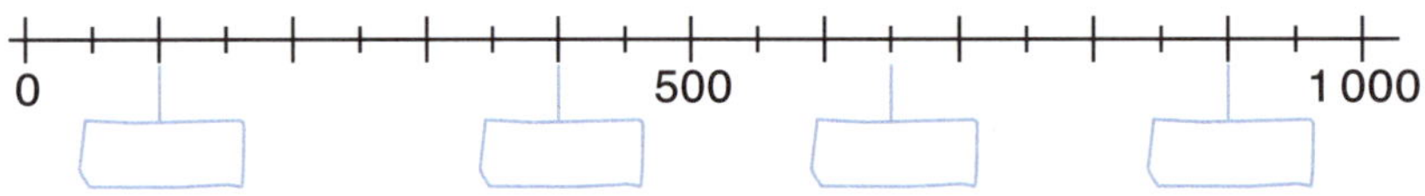

2. Betrachte den großen Zahlenstrahl unten auf der Seite. Welche Zahlen verstecken sich hinter den Buchstaben?

A .... B .... C .... D ....

E .... F .... G .... H ....

3. Schreibe folgende Zahlen an den Zahlenstrahl.

110 340 420 490 580

630 750 880 990

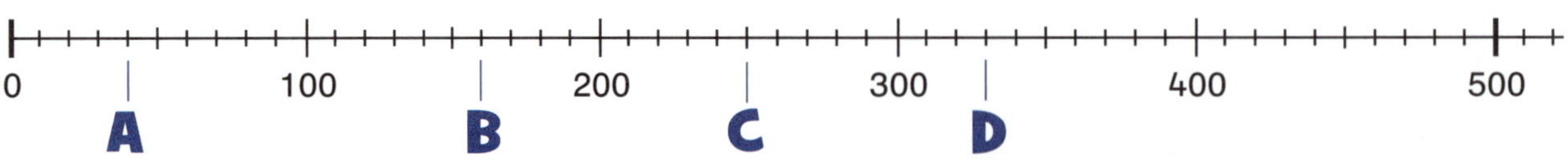

4. Trage ein.

a) Nachbarzahlen (N)

N	Zahl	N
294	295	
	821	
	30	

b) Nachbarzehner (NZ)

NZ	Zahl	NZ
470	478	
	57	
	600	

c) Nachbarhunderter (NH)

NH	Zahl	NH
200	205	
	682	
	995	

5. Überlege.

a) Liegt die Zahl 749 näher an 700 oder an 800? ....

b) Liegt die Zahl 366 näher an 360 oder an 370? ....

6. Setze die Reihe fort.

740	760			

613	608		

7. Ordne die Zahlen nach der Größe.

201 899 583 102 ~~91~~

998 210 1 000 989

91, ...

8. Kleiner oder größer?

200 + 30 + 5 ☐ 325	600 + 10 + 1 ☐ 161	400 + 50 ☐ 405
700 + 2 ☐ 720	7 + 50 + 800 ☐ 758	3 + 500 ☐ 530

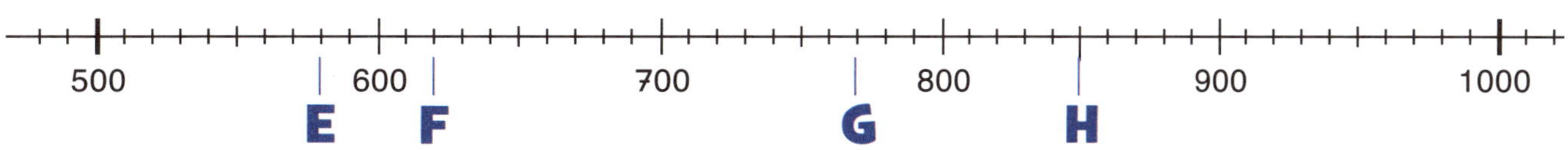

2. Der Zahlenraum bis 1 000

Zahlen runden

Regel

Wir können mit großen Zahlen leichter umgehen, wenn wir sie runden.
Es gibt dafür feste Regeln.

Runden auf Zehner:

Endziffer < 5:	abrunden	834 ≈ 830
Endziffer ≥ 5:	aufrunden	835 ≈ 840

Runden auf Hunderter:

Zehnerstelle < 5:	abrunden	249 ≈ 200
Zehnerstelle ≥ 5:	aufrunden	250 ≈ 300

Bei 1, 2, 3, 4 wird abgerundet, ab 5 wird aufgerundet.

1. Runde auf Zehner.

243 ≈ 240 87 ≈ .... 661 ≈ .... 725 ≈ ....

2. Runde auf Hunderter.

820 ≈ 800 995 ≈ .... 89 ≈ .... 408 ≈ ....

3. Was kosten die abgebildeten Gegenstände ungefähr? Runde auf Zehnerzahlen.

a)

.... €

b)

.... €

c)

.... €

d)

.... €

e)

.... €

f)

.... €

4. **Runde erst auf Zehner und dann auf Hunderter.**

627 ≈ 630 ≈ 600

355 ≈ .... ≈ ....

79 ≈ .... ≈ ....

208 ≈ .... ≈ ....

460 ≈ .... ≈ ....

632 ≈ .... ≈ ....

88 ≈ .... ≈ ....

31 ≈ .... ≈ ....

5. **Überprüfe, ob richtig gerundet wurde. Korrigiere falsche Ergebnisse.**

a) Runde auf Zehner.

912 ≈ 900   444 ≈ 440   445 ≈ 440

291 ≈ 300   301 ≈ 310   990 ≈ 1000

b) Runde auf Hunderter.

707 ≈ 700   149 ≈ 200   454 ≈ 450

291 ≈ 200   550 ≈ 500   302 ≈ 300

6. **Wie hoch sind die Gebäude ungefähr? Runde auf Hunderterzahlen.**

a)

.... m

b)

.... m

c)

.... m

2. Test

Bist du fit?

1. Wie heißt die Zahl? /6

□ II ••• = ...

IIIIII ••••••• = ...

□□□□□ ••• = ...

□□□□□□□ = ...

••••••••• = ...

□□□ IIIIIII = ...

2. Schreibe in Ziffern. /6

dreihundertsiebenundzwanzig ....

einhundertsiebenundsechzig ....

achthundertdreißig ....

siebenhundertfünf ....

fünfhundertzwei ....

zweihunderteinundfünfzig ....

3. Welche Zahlen fehlen? Trage ein. /20

405		
415		
	426	427

		333

		896

4. Setze die Reihe fort. /5

222	322			

512	502		

5. **Trage ein.** /18

a) Nachbarzahlen (N)

N	Zahl	N
	451	
	999	
	600	

b) Nachbarzehner (NZ)

NZ	Zahl	NZ
	333	
	785	
	402	

c) Nachbarhunderter (NH)

NH	Zahl	NH
	653	
	51	
	805	

6. **Ordne die Zahlen nach der Größe.** /9

989 503 15 991

51 530 350 998 305

....

7. **Kleiner, größer oder gleich?** /4

305 ▢ 503 700 ▢ 599 91 ▢ 101 666 ▢ 671

8. **Runde.** /6

a) Runde auf Zehner.

496 ≈ .... 652 ≈ .... 704 ≈ ....

b) Runde auf Hunderter.

555 ≈ .... 318 ≈ .... 990 ≈ ....

Dein Testergebnis /74

Mit Zehner- und Hunderterzahlen rechnen

Regel

Beim Rechnen mit Zehnerzahlen und Hunderterzahlen hilft dir die **Analogieaufgabe**.

7 + 2 = 9	8 − 5 = 3
70 + 20 = 90	80 − 50 = 30
700 + 200 = 900	800 − 500 = 300

1. **Berechne.**

3 + 7 = ...	6 + 1 = ...	5 + 4 = ...
30 + 70 = ...	60 + 10 = ...	50 + 40 = ...
300 + 700 = ...	600 + 100 = ...	500 + 400 = ...

2. **Berechne.**

10 − 5 = ...	8 − 7 = ...	9 − 6 = ...
100 − 50 = ...	80 − 70 = ...	90 − 60 = ...
1 000 − 500 = ...	800 − 700 = ...	900 − 600 = ...

3. **David möchte für seine Freunde Spaghetti bolognese kochen. Er benötigt dazu 1 000 g Hackfleisch. 800 g Hackfleisch hat er noch in der Tiefkühltruhe.**

Frage: ....

Rechnung:

Antwort: ....

4. Berechne.

30 + 15 = ...　　68 + 20 = ...　　47 + 51 = ...

300 + 150 = ...　　680 + 200 = ...　　470 + 510 = ...

5. Berechne.

81 − 40 = ...　　70 − 33 = ...　　96 − 85 = ...

810 − 400 = ...　　700 − 330 = ...　　960 − 850 = ...

6. Finde die passende Analogieaufgabe.

500 − 200 =　　660 − 430 =

700 + 300 =　　350 − 60 =

7. Der Markthändler füllt 450 g Haselnüsse und 300 g Walnüsse in eine Papiertüte.

a) Wie schwer wird die Tüte?

Rechnung:

Antwort: ....

b) Die Tüte kann 900 g Gewicht aushalten. Wie viel Gramm Nüsse könnten noch zusätzlich in die Tüte, ohne dass sie reißt?

Rechnung:

Antwort: ....

Hunderterübergang

Regel

Wenn du Zahlen geschickt zerlegst, kannst du leichter rechnen.
Rechne erst bis zum nächsten Hunderter. Rechne dann mit dem Rest weiter.

Beispiel: 890 + 15 | **403 – 7**

15 = 10 + 5

890 + 15 = 905
890 + 10 = 900
900 + 5 = 905

7 = 3 + 4

403 – 7 = 396
403 – 3 = 400
400 – 4 = 396

1. Zeichne am Zahlenstrahl und rechne analog.

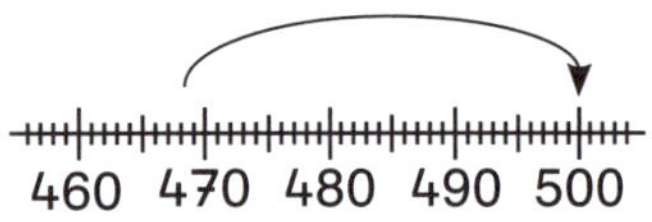

468 + ... = 500	715 + ... = 734	573 – .... = 545
668 + ... = 700	815 + ... = 834	173 – .... = 145
268 + ... = 300	915 + ... = 934	373 – .... = 345

2. Berechne.

516 – .... = 500	838 – .... = 800	492 – .... = 420
616 – .... = 600	808 – .... = 800	394 – .... = 350
116 – .... = 100	908 – .... = 800	293 – .... = 270

3. Berechne.

4. **Berechne.**

360 + 49 = ……

360 + 40 = ……
…… + 9 = ……

780 + 35 = ……

…… + …… = ……
…… + …… = ……

604 − 9 = ……

604 − 4 = ……
…… − 5 = ……

420 − 32 = ……

…… − …… = ……
…… − …… = ……

594 + 26 = ……

…… + …… = ……
…… + …… = ……

809 − 40 = ……

…… − …… = ……
…… − …… = ……

5. **Fülle die Bausteine aus.**

103		
60	43	54

482		
	223	
51	208	

6. **Jede Schale mit Walnüssen soll 500 g wiegen. Wie viel Gramm fehlen noch in der Schale auf der Waage?**

Rechnung:

Antwort: ……………………………………………………

Halbschriftlich addieren

Regel

Das halbschriftliche Addieren erleichtert dir das Rechnen. Es gibt verschiedene Rechenwege. Du musst immer geschickt zerlegen und zusammenfassen.

Beispiel: **257 + 648 = 905**

	257 + 648 = 905	
	200 + 600 = 800	Addiere die Hunderter.
	50 + 40 = 90	Addiere die Zehner.
	7 + 8 = 15	Addiere die Einer.
800 +	90 + 15 = 905	Addiere die Teilergebnisse.

1. Berechne.

123 + 446 =

100 + 400 = ...

.... + ... = ...

.... + ... = ...

386 + 525 =

.... + ... = ...

.... + ... = ...

.... + ... = ...

2. Addiere halbschriftlich.

a) 276 + 517

864 + 98

b) 347 + 291

405 + 199

3. **Ella mixt eine leckere Quarkspeise zum Nachtisch. Den Zucker muss sie noch hinzufügen. Was zeigt die Waage danach an?**

Rechnung:

Antwort: ....

4. **Finde die Fehler und korrigiere sie.**

364 + 57 = 871
364 + 50 = 864
864 + 7 = 871

572 + 48 = 616
570 + 46 = 616

Tipp

Schaue dir diese Tricks genau an.

Trick A: Tauschaufgabe

67 + 220 = 287

220 + 67 = 287

Trick B: Nachbaraufgabe

743 + 89 = 832

– 3   + 3

740 + 89 = 829

5. **Rechne die Aufgaben mit Trick A.**

36 + 562 = ...

.... + ... = ...

120 + 372 = ...

.... + ... = ...

6. **Rechne die Aufgaben mit Trick B.**

255 + 77 = ...

.... + ... = ...

688 + 34 = ...

.... + ... = ...

Halbschriftlich subtrahieren

Regel

Das halbschriftliche Subtrahieren erleichtert dir das Rechnen.
Es gibt verschiedene Rechenwege, bei allen musst du schrittweise vorgehen.
Zerlege die Zahl, die du subtrahieren willst.

Beispiel: **756 – 287**

Auch bei Minus gibt es mehrere Rechenwege.

756 – 287 = 469

756 – 7 = 749 — 1. Schritt: Subtrahiere die Einer.
749 – 80 = 669 — 2. Schritt: Subtrahiere die Zehner.
669 – 200 = 469 — 3. Schritt: Subtrahiere die Hunderter.

1. Berechne.

657 – 49 =

657 – 9 = ...
.... – .... = ...

935 – 742 =

.... – .... = ...
.... – .... = ...
.... – .... = ...

2. Subtrahiere halbschriftlich.

a) 463 – 78

826 – 317

b) 905 – 324

573 – 408

3. **Dominic füllt gemeinsam mit seiner Großmutter 850 g Marmelade in 125 g Gläser um. Wie viel Gramm Marmelade sind nach dem Füllen des ersten Glases noch im Topf?**

Rechnung:

Antwort: ....

4. **Finde die Fehler und korrigiere sie.**

728 – 39 = 690	654 – 384 = 330
728 – 9 = 720	600 – 300 = 300
720 – 30 = 690	54 – 84 = 30

Tipp

Schaue dir diese Tricks genau an.

Trick C: Nachbaraufgabe

457 – 39 = 418

+2 (457 → 459), –2 (420 → 418)

459 – 39 = 420

Trick D: gleichsinnig verändern

436 – 68 = 368

+2 ↓ ↓ +2

438 – 70 = 368

5. **Rechne die Aufgaben mit Trick C.**

274 – 89 = ...

.... – .... = ...

533 – 148 = ...

.... – .... = ...

6. **Rechne die Aufgaben mit Trick D.**

345 – 91 = ...

↓ ↓

.... – .... = ...

521 – 73 = ...

↓ ↓

.... – .... = ...

Überschlag

Regel

Du schätzt bei schwierigen Rechnungen Ergebnisse, indem du mit gerundeten Zahlen rechnest. So eine Rechnung nennt man **Überschlagsrechnung**.

Beispiel:	384 + 537 ≈ 900	819 – 274 ≈ 500
Überschlag (**Ü**):	**400 + 500 = 900**	**Ü: 800 – 300 = 500**

1. **Schreibe die Überschlagsrechnung und rechne im Kopf.**

243 + 192 ≈ ....

Ü: .... = ...

489 – 390 ≈ ....

Ü: .... = ...

219 + 783 ≈ ....

Ü: .... = ...

2. **Trage <, > oder = ein.**

345 + 553 ☐ 990	168 + 273 ☐ 200 + 300
123 + 489 ☐ 600	781 – 220 ☐ 800 – 200
765 – 432 ☐ 300	526 – 398 ☐ 500 – 400

3. **In welche Ergebniskiste gehören die Aufgaben? Verbinde passend.**

749 – 497

134 + 76

976 – 598

666 – 269

159 + 150

327 – 153

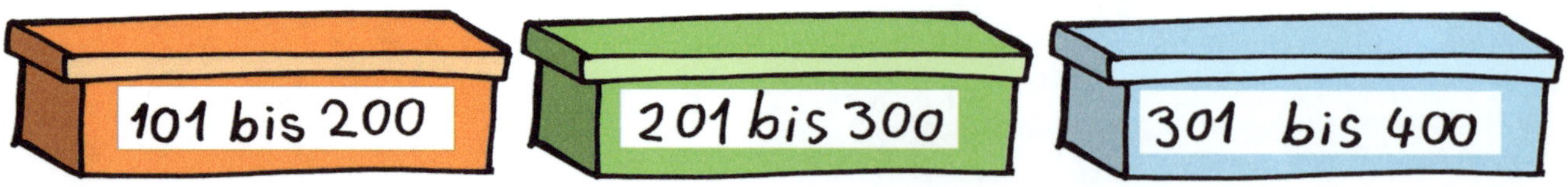

4. **Überschlage erst, rechne dann halbschriftlich.**

125 + 367 ≈ ....

Ü: .... = ...

518 – 279 ≈ ....

Ü: .... = ...

Tipp

Fasse beim Rechnen mit mehreren Summanden zunächst die Zahlen zusammen, die sich leichter rechnen lassen.

5. **Wie viel kosten die Nüsse genau? Rechne geschickt.**

Ü: ....

Rechnung:

Antwort: ....

3. Test

Bist du fit?

1. Berechne. /3

320 + 70 = …… 330 − 60 = …… 540 − 280 = ……

2. Finde die passende Analogieaufgabe. /6

700 − 300 = …… 430 + 220 = …… 860 − 540 = ……

…… − …… = …… …… + …… = …… …… − …… = ……

3. Rechne mithilfe des Zahlenstrahls. /9

825 + ………… = 870 831 + ………… = 854 876 − ………… = 834

625 + ………… = 670 431 + ………… = 454 576 − ………… = 534

125 + ………… = 170 31 + ………… = 54 976 − ………… = 934

4. Rechne. /10

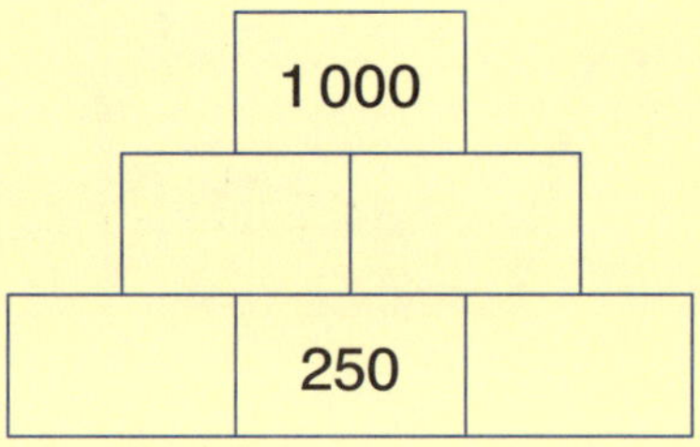

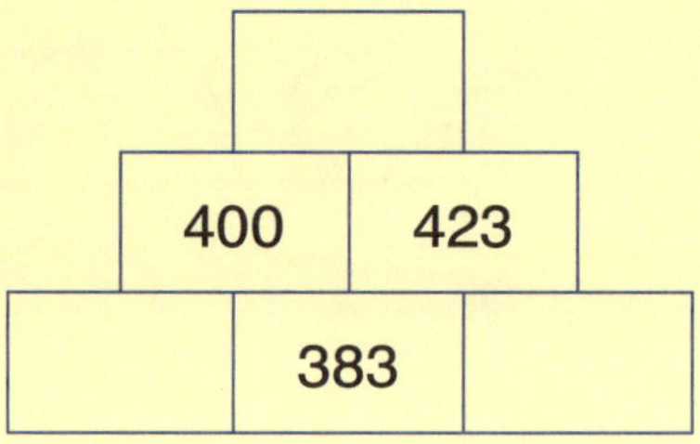

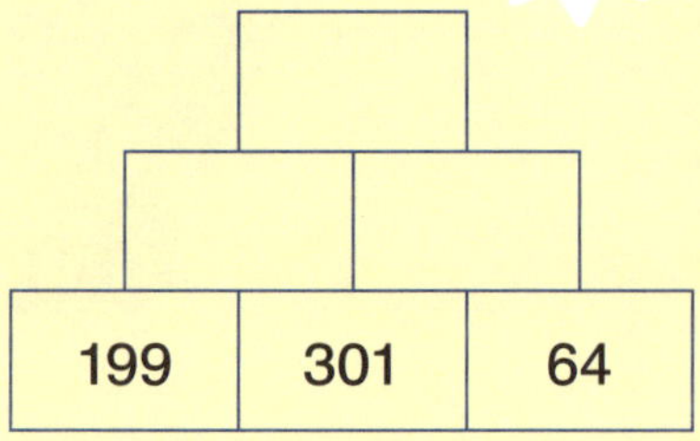

5. Addiere halbschriftlich. /2

753 + 79 =

…… + …… = ……

…… + …… = ……

…… + …… = ……

443 + 263 =

…… + …… = ……

…… + …… = ……

…… + …… = ……

6. **Subtrahiere halbschriftlich.** /2

124 – 57 = ...

.... – .... = ...

.... – .... = ...

.... – .... = ...

998 – 409 = ...

.... – .... = ...

.... – .... = ...

.... – .... = ...

7. **Finde die Fehler und korrigiere sie.** /3

436 – 78 = 451
436 – 70 = 443
443 – 8 = 451

283 + 57 = 343
280 + 54 = 334
3 + 3 = 9

617 + 28 = 645
600 + 20 = 620
17 + 8 = 25

8. **Trage <, > oder = ein.** /3

523 + 481 ▢ 900 876 – 231 ▢ 700 712 – 349 ▢ 300

9. **Überschlage erst, wende dann Rechentricks an.** /4

54 €
234 €
686 €

Ü: ....

1,99 €
0,50 €
4,20 €

Ü: ....

10. **Ich denke mir eine Zahl aus, subtrahiere 333 und erhalte 408.** /1

Die gesuchte Zahl heißt ....

Dein Testergebnis /43

Schriftlich addieren ohne Übertrag

Regel

Schwierige Additionsaufgaben kannst du schriftlich rechnen.

Rechne so:
E: 3 + 5 = 8
Z: 2 + 3 = 5
H: 4 + 2 = 6

Beispiel: **235 + 423** Ü: 200 + 400 = 600

	H	Z	E
	□□	III	•••••
+	□□□□	II	•••
	□□□□□□	IIIII	••••••••

	H	Z	E
	2	3	5
+	4	2	3
	6	5	8

1. Fülle die Tabelle aus und rechne.

a)

	H	Z	E
	□□	IIII	•••
+			

	H	Z	E
	2	4	3
+	2	3	5

b)

	H	Z	E
+			

	H	Z	E
	5	0	4
+		7	5

c)

	H	Z	E
+			

	H	Z	E
	1	7	7
+	4	2	1

2. **Überschlage erst, rechne dann.**

Ü: ....

	H	Z	E
	5	4	3
+	2	1	5

Ü: ....

	H	Z	E
	1	7	2
+	8	0	6

3. **Überschlage erst, rechne dann.**

184 + 215 = ...

Ü: ....

	H	Z	E
+			

93 + 701 = ...

Ü: ....

	H	Z	E
+			

340 + 506 = ...

Ü: ....

	H	Z	E
+			

4. **Reicht das Geld für das Bett und den Schreibtisch? Überschlage zuerst.**

Ü: ....

Rechnung:

Antwort: ....

Schriftlich addieren mit Übertrag

Regel

Beim schriftlichen Addieren gibt es oft Überträge.

Beispiel: **167 + 225** Ü: 200 + 200 = 400

	H	Z	E
	□	IIIII I	•••••••
+	□□	II	•••••
	□□□	IIIII III	•••••••••• ••
	□□□	IIIII IIII	••

	H	Z	E
	1	6	7
+	2	2	5
		1	
	3	9	2

E: 5 + 7 = 12
tausche 10 E in 1 Z,
schreibe 2, übertrage 1.
Z: 1 + 2 + 6 = 9
schreibe 9.
H: 2 + 1 = 3,
schreibe 3.

1. **Fülle die Tabelle aus und rechne.**

	H	Z	E
	□□□□□□	IIIII II	••
+			

	H	Z	E
	6	7	2
+	1	5	9

2. **Überschlage erst, rechne dann.**

Ü: ....

	H	Z	E
		4	5
+	2	3	9

Ü: ....

	H	Z	E
	3	5	8
+	5	6	1

Ü: ....

	H	Z	E
	4	8	9
+		2	1

3. Rechne.

174	244	345	89
+ 345	+ 456	+ 567	+ 123

4. Bilde jeweils die größte und kleinste Zahl. Addiere.

1 2 8   2 6 6   5 5 3

5. Ergänze die fehlenden Ziffern.

436	5_4	29	715
+ 2_3	+ 37_	+ 8_1	+ _0_
_8_	_96	_5_	8_2

6. Wie viel Geld hat Lena gespart?

Ü: ....

Rechnung:

	H	Z	E
+			

Antwort: ....

Schriftlich subtrahieren ohne Übertrag

Regel

Auch beim Subtrahieren kannst du schriftlich rechnen. Es gibt zwei verschiedene Methoden. Entscheide dich für eine.

Beispiel: 348 – 241

	H	Z	E
	□□□	IIII	••••••••
–	□□	IIII	•
	□		•••••••

Ü: 300 – 200 = 100

	H	Z	E
	3	4	8
–	2	4	1
	1	0	7

Abziehen
E: 8 – 1 = 7
Z: 4 – 4 = 0
H: 3 – 2 = 1

Ergänzen
E: 1 + 7 = 8
Z: 4 + 0 = 4
H: 2 + 1 = 3

1. Überschlage erst, rechne dann.

Ü: ....

	H	Z	E
	6	8	4
–	4	3	2

Ü: ....

	H	Z	E
	8	7	3
–	7	1	3

Ü: ....

	H	Z	E
	5	5	5
–	2	0	2

2. Rechne.

	3	4	7		9	3	2		6	5	9		5	0	6
–	1	2	3	–	8	0	2	–		4	5	–	5	0	4

3. Ergänze die fehlenden Ziffern.

	5	○	5
−	4	2	○
	○	7	3

	7	4	○
−	3	○	8
	○	1	1

	○	9	6
−	6	○	○
	3	3	3

	7	8	9
−	○	5	○
	2	○	4

4. Berechne.

867 − 534

985 − 382

573 − 402

5. Tine hat 145 € gespart. Wie viel Geld bleibt übrig, wenn sie folgende Dinge kauft?

a) einen Reithelm

b) einen Putzkasten

c) einen Reithelm und einen Putzkasten

d) eine Reithose, Pferde-Leckereien und einen Pferdestriegel

Schriftlich subtrahieren mit Übertrag

Regel

Beim schriftlichen Subtrahieren gibt es oft Überträge. Rechne mit der Methode, die du in der Schule gelernt hast.

Beispiel: 475 – 118

Ü: 500 – 100 = 400

Abziehen

Subtrahiere von oben nach unten.

	H	Z	E
		6	10
	4	~~7~~	5
–	1	1	8
	3	5	7

E: 5 – 8 geht nicht.
Tausche 1 Z in 10 E, dann sind es 15 E – 8 E = 7 E. Es bleiben 6 Z.
Z: 6 – 1 = 5.
H: 4 – 1 = 3.

Ergänzen

Ergänze von unten nach oben.

	H	Z	E
			10
	4	7	5
–	1	1	8
		1	
	3	5	7

E: 8 + ☐ = 5 geht nicht.
Ergänze einen Zehner: 8 + 7 = 15.
Schreibe 7. Übertrage 1.
Z: 2 + 5 = 7.
H: 1 + 3 = 4.

1. Überschlage erst, dann subtrahiere.

Ü: ....

	H	Z	E
	5	1	3
–	3	4	2

Ü: ....

	H	Z	E
	8	7	0
–	4	5	6

Ü: ....

	H	Z	E
	6	4	1
–	2	8	3

2. **Leo hat 230 €. Er kauft eine Digitalkamera.**
Wie viel Geld bleibt übrig?

Rechnung:

	H	Z	E
–			

Antwort: ....

3. **Berechne.**

7 3 2	3 8 4	9 7 5	8 2 1
– 3 2 9	– 1 9 4	– 7 0 7	– 4 5 6

4. **Ergänze die fehlenden Ziffern.**

○ 7 3	5 4 ○	4 ○ 4	○ 3 ○
– 3 ○ ○	– ○ ○ 2	– 8 ○	– 6 6 6
4 1	2 3 5	○ 3 0	2 ○ 4

5. **Leo hat schon 139 Fotos geknipst.**
Für wie viele Fotos bleibt noch Platz im Album?

Rechnung:

Antwort: ....

Schriftlich addieren und subtrahieren

Tipp

Beim schriftlichen Rechnen ist es sehr wichtig, genau auf die Stellenwerte zu achten. Schreibe stets Einer unter Einer, Zehner unter Zehner und Hunderter unter Hunderter.

Beispiel: **87 + 506**

	H	Z	E
		8	7
+	5	0	6

250 – 77

	H	Z	E
	2	5	0
–		7	7

1. Schreibe untereinander und rechne.

51 + 789   500 – 403   206 + 89   373 – 337

2. Suche die Fehler und kreise sie ein. Rechne richtig.

	6	0	8
+	2	9	9
	8	9	7

		1	0
–	4	7	8
–	3	6	9
	1	1	9

3. **Welcher Fehler ist in welcher Aufgabe? Verbinde.**

+ und – verwechselt

falsch gerechnet

Übertrag falsch

falsch getauscht

a)

	5	7	3
–	2	5	1
	2	3	2

b)

		7	7
	5	8	2
+	2		
	7	5	9

c)

	3	2	6
	1	9	5
–	1	1	
	5	2	1

d)

		0	
	8	2	5
–	3	1	7
	5	2	8

4. **Rechne. Setze fort. Was fällt dir auf?**

a)

$$\begin{array}{r} 123 \\ +\,789 \\ \hline \end{array} \qquad \begin{array}{r} 234 \\ +\,678 \\ \hline \end{array} \qquad \begin{array}{r} 345 \\ +\,567 \\ \hline \end{array} \qquad \begin{array}{r} \bullet\bullet\bullet \\ +\,456 \\ \hline \end{array} \qquad \begin{array}{r} \bullet\bullet\bullet \\ +\,\bullet\bullet\bullet \\ \hline \end{array}$$

Antwort: ....

b)

$$\begin{array}{r} 987 \\ -\,234 \\ \hline \end{array} \qquad \begin{array}{r} 876 \\ -\,345 \\ \hline \end{array} \qquad \begin{array}{r} 765 \\ -\,\bullet\bullet\bullet \\ \hline \end{array} \qquad \begin{array}{r} \bullet\bullet\bullet \\ -\,\bullet\bullet\bullet \\ \hline \end{array}$$

Antwort: ....

5. **In der Möbelabteilung ist alles reduziert. Ergänze die Tabelle.**

	Kommode	Tisch
alter Preis	260 €	
neuer Preis		
Ersparnis		86 €

Mit Kommazahlen rechnen

Regel

Beim Rechnen mit Kommazahlen muss immer Komma genau unter Komma stehen.

Beispiel:

7,95 €	9,99 €
+ 1,80 €	− 4,25 €
1	
9,75 €	5,74 €
Ü: 8 € + 2 € = 10 €	Ü: 10 € − 4 € = 6 €

1. **Überschlage erst, dann subtrahiere.**

3,95 € + 1,25 €   8,69 € − 3,70 €   6,66 € − 0,99 €

Ü: ....   Ü: ....   Ü: ....

2. **Verbinde mit dem richtigen Überschlag.**

1,85 € + 7,07 €   1,58 € + 7,70 €   1,28 € + 7,77 €

2 € + 8 €   1 € + 8 €   2 € + 7 €

3. **Wie viel kostet es zusammen?**

Ü:

3,11 €
2,59 €
5,20 €

Antwort: ....

4. **Reicht Lottas 5-Euro-Schein?**

Rechnung:

Antwort: ....

Kann Lotta noch eine Packung Kekse für 1,99 € kaufen?

Rechnung:

Antwort: ....

5. **Überprüfe die Kassenzettel. Kreise Fehler ein. Rechne richtig.**

1,99 €	0,75 €	3,46 €	5,55 €
2,50 €	3,99 €	0,20 €	1,29 €
3,00 €	4,50 €	2,89 €	0,69 €
6,49 €	9,24 €	6,41 €	7,33 €

4. Test

Bist du fit?

1. Addiere. /12

a) Ü: ....

	4 3 8
+	3 4 0

Ü: ....

	2 7 1
+	7 0 8

Ü: ....

	2 5
+	3 6 2

b) Ü: ....

	7 8 7
+	1 0 9

Ü: ....

	3 0 5
+	4 6 8

Ü: ....

	5 9 6
+	5 4

2. Subtrahiere. /12

a) Ü: ....

	9 8 7
–	4 0 7

Ü: ....

	8 5 0
–	7 4 0

Ü: ....

	3 6 2
–	5 1

b) Ü: ....

	7 7 7
–	9 8

Ü: ....

	8 4 5
–	3 7 0

Ü: ....

	4 2 0
–	1 6 2

3. Überschlage im Kopf. Schreibe dann untereinander und rechne. /3

209 + 375

444 + 96

900 – 567

4. **Ergänze die fehlenden Ziffern.** /12

		7	◯	8
+		◯	4	2
	1	0	0	0

	9	◯	5
−	◯	7	1
	6	0	◯

	◯	4	9
+	5	◯	6
	8	6	◯

	◯	0	3
+	2	5	◯
	◯	6	◯

5. **Thomas hat 300 € gespart. Er möchte gerne ein Hochbett für 248 €, ein Regal für 27 € und eine Leselampe für 19 € kaufen. Reicht das Geld?** /3

Ü: ....

Rechnung:

Antwort: ....

6. **Berechne die jeweilige Summe.** /2

2,45 €
3,45 €

0,99 €
6,99 €

7. **Suche die Fehler, kreise sie ein und rechne richtig.** /2

	968
−	660
	208

	463
+	78
	431

Dein Testergebnis /46

Mit Zehner- und Hunderterzahlen multiplizieren

Regel

Beim Multiplizieren von Zehner- und Hunderterzahlen hilft dir die Analogieaufgabe aus dem kleinen Einmaleins.

Beispiel: 2 · 400

••••	••••	2 · 4 = 8	2 · 4 E = 8 E
IIII	IIII	2 · 40 = 80	2 · 4 Z = 8 Z
□□□□	□□□□	2 · 400 = 800	2 · 4 H = 8 H

1. Berechne.

3 · 3 = ……	4 · 2 = ……	2 · 5 = ……
3 · 30 = ……	40 · 2 = ……	20 · 5 = ……
3 · 300 = ……	400 · 2 = ……	200 · 5 = ……

2. Berechne.

5 · 3 = ……	7 · 8 = ……	6 · 4 = ……
5 · 30 = ……	70 · 8 = ……	6 · 40 = ……

3. Berechne.

2 · 4 = ……	1 · 9 = ……	3 · 2 = ……
20 · 40 = ……	10 · 90 = ……	30 · 20 = ……

4. **Rechne zuerst die Analogieaufgabe aus dem kleinen Einmaleins.**

4 · .... = ... · .... = ... · .... = ...

4 · 80 = ... 30 · 30 = ... 9 · 70 = ...

5. **Multipliziere.**

·	50	20	70
9			
4			
6			

·	4	9	8
70			
30			
80			

6. **In der Comenius-Schule sind insgesamt 205 Kinder.**
Können alle gemeinsam eine Vorstellung im City-Kino besuchen?

Rechnung:

Antwort: ....

7. **Der Sportverein TSV 1863 kommt mit 6 Turngruppen mit jeweils 20 Kindern ins City-Kino. Wie viele Plätze besetzen die Kinder?**

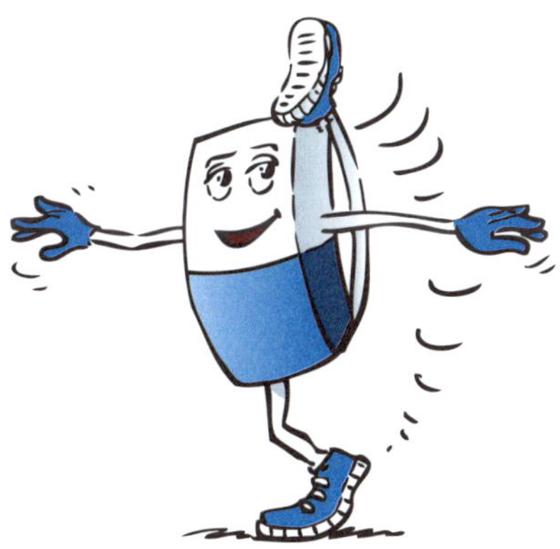

Rechnung:

Antwort: ....

Durch Zehner- und Hunderterzahlen dividieren

Regel

Beim Dividieren durch Zehner- und Hunderterzahlen hilft dir die Analogieaufgabe aus dem kleinen Einsdurcheins.

Streiche auf beiden Seiten gleich viele Nullen weg.

Beispiel:			**Beispiel:**	
	420 : 70			**900 : 300**
	42 : 7 = 6			9 : 3 = 3
	42 Z : 7 = 6			9 H : 3 H = 3
	420 : 70 = 6			900 : 300 = 3

1. **Berechne.**

a) 18 : 3 = …… 35 : 7 = …… 56 : 8 = ……

180 : 30 = …… 350 : 70 = …… 560 : 80 = ……

b) 25 : 5 = …… 36 : 6 = …… 81 : 9 = ……

250 : 50 = …… 360 : 60 = …… 810 : 90 = ……

2. **Schreibe und rechne zuerst die Analogieaufgabe.**

a) 280 : 70 = …… 320 : 40 = …… 800 : 80 = ……

28 : …… = …… …… : …… = …… …… : …… = ……

b) 240 : 60 = …… 450 : 50 = …… 720 : 90 = ……

…… : …… = …… …… : …… = …… …… : …… = ……

3. **Im Kino**

Rechnung:

Antwort: ....

Tipp

Beim Dividieren einer Zehner- oder Hunderterzahl durch eine einstellige Zahl kannst du so rechnen:

Beispiel:	**800 : 4**	**Beispiel:**	**480 : 6**
	8 : 4 = 2		48 : 6 = 8
	8 H : 4 = 2 H		48 Z : 6 = 8 Z
	800 : 4 = 200		480 : 6 = 80

4. **Berechne.**

400 : 1 = ...	600 : 3 = ...	1 000 : 2 = ...
400 : 10 = ...	600 : 30 = ...	1 000 : 20 = ...
400 : 100 = ...	600 : 300 = ...	1 000 : 200 = ...

5. **Rechne. Achte auf die Zusammenhänge.**

700 : 10 = ...	900 : 9 = ...	500 : 50 = ...
700 : 100 = ...	900 : 3 = ...	500 : 5 = ...

6. **Hier haben sich Fehler eingeschlichen. Rechne die Aufgabe richtig.**

900 : 300 = 300 f	720 : 9 = 8 f
900 : 300 = ...	720 : 9 = ...

Halbschriftlich multiplizieren

Regel

Beim halbschriftlichen Multiplizieren zerlegst du die große Zahl.

Beispiel: **6 · 138**

	6 · 138 = 828	Rechne so:
	6 · 100 = 600	Multipliziere die Hunderter.
	6 · 30 = 180	Multipliziere die Zehner.
	6 · 8 = 48	Multipliziere die Einer.
600 + 180 +	48 = 828	Addiere die Teilergebnisse.

Kurzform: 6 · 138 = 600 + 180 + 48 = 828

1. Berechne.

8 · 112 =

8 · 100 = ...

.... · .... = ...

.... · .... = ...

Addiere: .... + ... + ...

4 · 207 =

.... · .... = ...

.... · .... = ...

.... · .... = ...

Addiere: .... + ... + ...

2. Berechne.

6 · 28 =

6 · 20 =

5 · 54 =

3. **Berechne.**

46 · 3 =

17 · 9 =

4. **Berechne.**

7 · 123 =

3 · 286 =

5. **Berechne.**

2 —· 3→ ☐ —· 4→ ☐ —· 5→ ☐

8 —· 5→ ☐ —· 4→ ☐ —· 3→ ☐

6. **Am Wochenende waren bei allen 5 Vorstellungen im Kinderzirkus jeweils alle 130 Plätze besetzt. Wie viele Zuschauer waren insgesamt im Kinderzirkus?**

Rechnung:

Antwort: ....

Halbschriftlich dividieren

Regel

Beim halbschriftlichen Dividieren zerlegst du die große Zahl.

Beispiel: **875 : 7**

875 : 7 = 125
700 : 7 = 100 — Es bleiben 175 übrig.
140 : 7 = 20 — Es bleiben 35 übrig.
35 : 7 = 5

100 + 20 + 5 = 125 — Addiere die Teilergebnisse.

Kurzform: 875 : 7 = 100 + 20 + 5 = 125

1. **Berechne.**

896 : 8 =
800 : 8 = ...
80 : 8 = ...
.... : .... = ...
Addiere: .... + ... + ...

276 : 6 =
240 : 6 = ...
.... : .... = ...
.... : .... = ...
Addiere: .... + ... + ...

2. **Berechne.**

7 2 : 4 =
4 0 : 4 =

9 5 : 5 =

3. **Berechne.**

2 1 0 : 6 =

1 6 8 : 6 =

4. **Berechne.**

6 9 0 : 5 =

7 2 4 : 4 =

5. **Finde den Fehler. Rechne richtig.**

162 : 3 = 54 f
150 : 3 = 5
12 : 3 = 4

96 : 6 = 15 f
60 : 6 = 10
36 : 6 = 5

6. **Die Kinobesitzerin zählt die Einnahmen der Sonderveranstaltung.**
Eine Karte kostete 3 €. Wie viele Karten wurden verkauft?

Rechnung:

Antwort: ....

Halbschriftlich dividieren mit Rest

Regel

Beim Dividieren bleibt manchmal ein Rest. Schreibe und rechne dann so:

Beispiel: **423 : 5**

423 : 5 = 84 Rest 3

400 : 5 = 80

23 : 5 = 4 Rest 3

80 + 4 + Rest 3

Addiere die Teilergebnisse.

1. **Berechne.**

367 : 5 =

300 : 5 = ...

.... : .... = ...

.... : .... = ... R ....

.... + ... + ... + R ....

523 : 3 =

300 : 3 = ...

.... : .... = ...

.... : .... = ... R ....

.... + ... + ... + R ....

2. **Rechne.**

218 : 6 = R

349 : 8 = R

730 : 4 = R

3. **Berechne.**

193 : 6

685 : 5

324 : 8

721 : 7

4. **Verbinde die Aufgabe mit dem richtigen Ergebnis.**

76 : 3

22 : 3

34 : 4

106 : 5

25 Rest 1

21 Rest 1

8 Rest 2

7 Rest 1

5. **Nach der Schulvorstellung müssen alle 370 Stühle weggeräumt werden. Jeder Stapel soll 7 Stühle haben.**

Frage: ....

Rechnung:

Antwort: ....

....

....

Überschlag und Probe

Regel

Auch beim Multiplizieren und Dividieren mit großen Zahlen ist es wichtig, das Ergebnis schnell zu **überschlagen.**

Beispiele: **72 · 8**
Ü: 70 · 8 = 560
Das Ergebnis ist ungefähr 560.

396 : 9
Ü: 360 : 9 = 40
Das Ergebnis ist ungefähr 40.

1. Überschlage erst, rechne dann genau.

234 · 3

Ü: ....

67 · 9

Ü: ....

6 · 48

Ü: ....

2. Überschlage erst, rechne dann genau.

735 : 7

Ü: ....

354 : 6

Ü: ....

504 : 8

Ü: ....

3. Welche Ergebnisse können nicht stimmen. Überschlage.
Schreibe ein rotes f hinter die falschen Ergebnisse.

30 · 29 = 290

567 : 7 = 81

325 · 3 = 675

Regel

Um zu prüfen, ob du richtig gerechnet hast, kannst du eine **Probe** (**P**) machen.
Rechne hierfür die Umkehraufgabe.

beim Dividieren:

72 : 4 = 10 + 8 = 18

P: 18 · 4 = 40 + 32 = 72

beim Multiplizieren:

43 · 6 = 240 + 18 = 258

P: 258 : 6 = 40 + 3 = 43

4. **Dividiere. Kontrolliere mit der Probe.**

a) 228 : 4 = ...

P: ....

889 : 7 = ...

P: ....

b) 621 : 3 = ...

P: ....

963 : 9 = ...

P: ....

5. **Multipliziere. Kontrolliere mit der Probe.**

a) 48 · 7 = ...

P: ....

34 · 9 = ...

P: ....

b) 39 · 8 = ...

P: ....

156 · 4 = ...

P: ....

6. **Was gehört zusammen? Verbinde.**

416 · 2 = 832

416 : 8 = 52

416 : 2 = 208

Peter sitzt auf Platz 416.
Es gibt doppelt so viele Plätze.

416 Kinokarten liegen jeweils
in 8er-Stapeln an der Kasse bereit.

416 Kinder gehen je paarweise
durch den Kinoeingang.

Halbschriftlich multiplizieren und dividieren

Regel

Alle Zahlen, durch die man ohne Rest dividieren kann, heißen **Teiler**.

Teiler von 12: 1, 2, 3, 4, 6, 12

Alle Zahlen, die man durch Multiplizieren erhält, sind **Vielfache**.

Vielfache von 12: 12, 24, 36, 48, 60, …

1. Bestimme alle Teiler …

von 20: 1, 2, ...

von 17: ....

von 21: ....

von 36: ....

2. Bestimme fünf Vielfache …

von 40: 40, 80, ...

von 9: ....

von 100: ....

von 15: ....

3. Finde die Regel und ergänze die fehlenden Zahlen.

891 297 .... 33 11 — Regel: immer ....

625 125 25 .... — Regel: immer ....

4. **Rechne. Fällt dir etwas auf?**

2 · 34 = ...

4 · 34 = ...

8 · 34 = ...

16 · 34 = ...

32 · 34 = ...

Das fällt mir auf: ....

5. **Multipliziere und dividiere.**

2 → · 8 → [ ] → · 2 → [ ] → · 4 → [ ] → : 2 → [ ]

↓ · 3

[ ] ← : 8 ← [ ] ← · 6 ← [ ] ← : 2 ← [ ] ← : 4 ← 18

↑ : 9 (from 18 to 2)

6. **Wo sind die Gewinnchancen größer? Kreise alle Gewinne ein.**

Antwort: ....

5. Test

Bist du fit?

1. **Rechne.** /6

7 · 50 = ……   80 · 6 = ……   360 : 4 = ……

4 · 200 = ……   60 · 3 = ……   400 : 5 = ……

2. **Multipliziere halbschriftlich.** /3

9 · 31 =   82 · 7 =   6 · 109 =

3. **Dividiere halbschriftlich.** /3

96 : 3 =   592 : 8 =   964 : 4 =

4. **Dividiere halbschriftlich mit Rest.** /2

79 : 3 = R   425 : 8 = R

5. **Können die Aufgaben stimmen? Überschlage. Streiche die Fehler an.** /5

a) 37 · 6 = 222 | 2 · 47 = 814 | 564 : 8 = 78

Ü: .... Ü: .... Ü: ....

b) 731 : 3 = 61 R 1 | 840 : 5 = 168

Ü: .... Ü: ....

6. **Rechne jeweils mit Probe. Denke auch an den Rest.** /4

6 · 93 = ...

840 : 20 = ...

7. **Bestimme alle Teiler von 42.** /8

....

8. **Notiere sechs Vielfache von 8.** /6

....

9. **In Kino I waren in der letzten Vorführung 59 Personen. Der Eintritt betrug 8 Euro pro Person. In Kino II kamen bei 6 Euro Eintritt 402 Euro zusammen.** /2

Frage: In welchem Kino waren mehr Besucher?

Rechnung:

Antwort: ....

Dein Testergebnis /39

Mit Geld rechnen

Regel

Beim **Rechnen mit Geldbeträgen** ist es wichtig, dass du die Einheiten Euro (€) und Cent (ct) und unsere Geldscheine und Münzen kennst.

Für die Umrechnung gilt: 1 € = 100 ct.

Wenn du mit Geld rechnest, ist es sinnvoll, alle Angaben in die gleiche Einheit umzuwandeln.

Beispiel: 2,50 € – 70 ct = 250 ct – 70 ct = 180 ct
= 1 € 80 ct = 1,80 €

1. Wandle in eine sinnvolle Einheit um. Rechne.
Schreibe das Ergebnis auch mit Komma.

7 € + 230 ct + 70 ct = ...

100 € – 60 € + 800 ct = ...

4,10 € – 5 · 40 ct = ...

5 € : 10 + 3 € 80 ct = ...

2. Die Sieger des Sportfestes erhalten eine Medaille und einen Geldpreis.
Der erste Preis beträgt 15 €, der zweite Preis 10 € und der dritte Preis 5 €.
Ordne die Sparschweine richtig zu. Verbinde.

3. **Der Eintritt für das Fußballspiel des 1. FC kostet pro Person 12 €.**
Familie Stark und Familie Berg möchten jeweils 5 Karten kaufen.

Frage: ....

Rechnung:

Antwort: ....

4. **Beim Volkslauf erhält der Sieger einen Einkaufsgutschein über 50 €.**
Der Zweite bekommt einen Gutschein über die Hälfte dieses Betrages.

Frage: ....

Rechnung:

Antwort: ....

5. **Saskia möchte sich neue Schuhe kaufen.**
Sie hat 26,71 € gespart. Ihre Mutter gibt ihr 15 € dazu.

Frage: Welche Schuhe könnte Saskia kaufen?

Rechnung:

Antwort: ....

Mit Längen rechnen

Regel

Beim **Rechnen mit Längen** ist es wichtig, dass du die verschiedenen Maßeinheiten kennst.

Sehr große Längen werden in Kilometer (km), große Längen in Meter (m), kleine Längen in Zentimeter (cm) und ganz kleine in Millimeter (mm) gemessen.

Wenn du mit Längen rechnest, ist es sinnvoll, alle Angaben in die gleiche Einheit umzuwandeln.

Hierfür gilt: 1 km = 1 000 m
1 m = 100 cm
1 cm = 10 mm

Beispiel: 60 cm – 20 mm = 600 mm – 20 mm = 580 mm = 58 cm

1. Wandle in eine sinnvolle Einheit um.

300 mm = ... 800 cm = ...

0,05 m = ... 0,6 km = ...

2. Welche Längenangaben kommen vor? Notiere. Ordne nach der Größe.

....

3. **Wandle in eine sinnvolle Einheit um. Rechne.**

300 cm + 0,02 km + 45 m = ……………………

4,16 m + 22 cm + 30 mm = ……………………

4 000 km + 10 · 0,1 km = ……………………

4. **Beim Weitspringen ist Lisa 3,40 m weit gesprungen. Linus kam 25 cm weiter.**
Frage: Wie weit ist Linus gesprungen?

Rechnung:

Antwort: ……………………

5. **Felix hat 27 m weit geworfen. Oskars Wurf war 4 m weniger weit.**

Frage: ……………………

Rechnung:

Antwort: ……………………

……………………

……………………

6. **Konrad ist schon 820 m gelaufen.**

Frage: ……………………

……………………

Rechnung:

Antwort: ……………………

Mit Gewichten rechnen

Regel

Beim **Umgang mit Gewichten** ist es wichtig, dass du die verschiedenen Maßeinheiten kennst. Kleine Gewichte werden in Gramm (g), mittlere in Kilogramm (kg) und große Gewichte in Tonnen (t) gemessen.

Wenn du mit Gewichten rechnest, ist es sinnvoll, alle Angaben in die gleiche Einheit umzuwandeln.

Hierfür gilt: 1 t = 1 000 kg
1 kg = 1 000 g

Beispiel: 0,3 kg + 60 g = 300 g + 60 g = 360 g

1. Wandle in eine sinnvolle Einheit um.

1 000 kg = ...	0,3 kg = ...
1 000 g = ...	0,2 t = ...
7 800 g = ...	0,01 t = ...

2. Wandle in eine sinnvolle Einheit um. Rechne.

80 g + 0,2 kg + 450 g = ...

0,5 t – 100 kg + 3 • 20 kg = ...

0,02 t + 1 000 kg – 421 kg = ...

3. Welcher Wurfgegenstand hat welches Gewicht. Verbinde.

400 g	80 g	1 g	5 g	800 g	3 kg

4. **Ein Tennisball wiegt etwa 11-mal soviel wie ein Federball, nämlich 56 g.**
Frage: Wie schwer sind 4 Tennisbälle.

Rechnung:

Antwort: ....

5. **Ein großer Schlagball wiegt 200 g, ein kleiner ist 120 g leichter.**

Frage: ....

Rechnung:

Antwort: ....

6. **Jan ist 1,26 m groß, hat blonde Haare und wiegt 28 kg.**
Frage: Wie schwer sind Ball und Fußballkleidung?

Rechnung:

Antwort: ....

Mit Litern rechnen

Regel

Beim **Umgang mit Hohlmaßen/Rauminhalten** ist es wichtig, dass du die verschiedenen Maßeinheiten kennst. Kleine Mengen werden in Milliliter (ml) gemessen, größere in Liter (l).

Für die Umrechnung gilt: 1 l = 1 000 ml

Beispiele:

250 ml = 0,25 l = $\frac{1}{4}$ l — ein viertel Liter

500 ml = 0,5 l = $\frac{1}{2}$ l — ein halber Liter

750 ml = 0,75 l = $\frac{3}{4}$ l — ein dreiviertel Liter

1 500 ml = 1,5 l = $1\frac{1}{2}$ l — anderthalb Liter

1. Wandle in Milliliter (ml) um.

0,5 l = ... 0,75 l = ...

$\frac{1}{4}$ l = ... 2 l = ...

2. Wandle in Liter (l) um.

400 ml = ... 50 ml = ...

3 l 7 ml = ... 2 500 ml = ...

3. Wie viel Flüssigkeit passt in die Behälter? Verbinde passend.

1 l | 10 l | 750 ml | 200 ml | 180 l | 3 ml

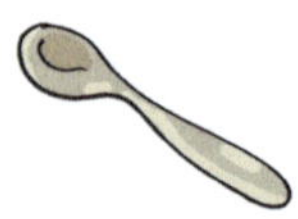

4.

Frage: ...

Rechnung:

Antwort: ...

5. **In ein Glas passen 125 ml Flüssigkeit.**

Frage: Wie viele Gläser können gefüllt werden, bis die 0,75 l-Flasche leer ist?

Rechnung:

Antwort: ...

6. **Lotta freut sich nach dem Sport auf ein Bad. Sie lässt 180 l Wasser in die Badewanne laufen. Marlene benötigt für ihr Duschbad 120 l weniger.**

Frage: Wie viel Wasser hat Marlene nach drei Duschbädern im Vergleich zu Lotta gespart?

Rechnung:

Antwort: ...

Mit Zeiten rechnen

Regel

Beim **Umgang und Rechnen mit Zeiten** gibt es viele verschiedene Maßeinheiten. Es ist wichtig, dass du die Zusammenhänge und Umrechnungsfaktoren kennst.

1 Minute (min)	= 60 Sekunden (s)
1 Stunde (h)	= 60 Minuten (min)
1 Tag (d)	= 24 Stunden (h)
1 Woche	= 7 Tage
1 Monat	≈ 30 Tage = 4 Wochen
1 Jahr	= 12 Monate ≈ 365 Tage = 52 Wochen

Nicht jeder Monat hat 30 Tage! Schaltjahre haben 366 Tage.

1. **Welche Zeiten sind gleich? Male in der gleichen Farbe an.**

480 h | 21 Tage | 365 Tage | 20 Tage | 15 min | 12 Monate | 900 s

2. **Wer war am schnellsten? Ordne die Namen nach den Zeiten.**

Felix 8,4 s | Philipp 8,3 s | Niklas 9,0 s | Jan 9,4 s

....

Tipp

Bestimmungen von Zeitspannen und Zeitpunkten lassen sich meistens gut mit einem Pfeilbild darstellen. Auf dem Pfeil notierst du die Zeitspanne, die zu einer Zeitangabe hinzukommt (+) oder die abgezogen (–) wird.

Beispiele: 2 h 5 min $\xrightarrow{-20\text{ min}}$ 1 h 45 min

15:08 Uhr $\xrightarrow{+2\text{ h}}$ 17:08 Uhr

3. Für den 800-m-Lauf benötigt Florian 2 min 46 s.
Max braucht 10 Sekunden länger.

Frage: ……………………………………………………………

Rechnung:

Antwort: ……………………………………………………………

4.

Frage: ……………………………………………………………

Rechnung:

Antwort: ……………………………………………………………

6. Test

Bist du fit?

1. Färbe Zeitangaben rot, Geldbeträge blau, Längen grün, Gewichte gelb und Hohlmaße lila. /14

30 Tage | 0,5 kg | 375 ct | 3,75 € | 0,03 km

500 g | 300 cm | 250 ml | 9 min

30 m | 4 Wochen | $\frac{1}{4}$ l | 3 h | 540 s

2. Wandle in eine sinnvolle Einheit um. Rechne.

a) 0,5 km + 200 cm + 30 m = ... /2

2,8 m + 300 mm – 50 cm = ...

b) 0,4 kg + 350 g + 0,25 kg = ... /2

1 000 kg – 0,03 t – 90 kg = ...

c) 430 € – 60 € + 700 ct = ... /2

0,25 € + 4,09 € + 200 ct = ...

3. Wandle in Milliliter um. /3

0,25 l = ... $\frac{1}{2}$ l = ... $4\frac{1}{4}$ l = ...

4. Welche Zeiten sind gleich? Male in der gleichen Farbe an. /4

1 Monat | 240 s | 90 min | 30 Tage | 5 min

4 min | 96 Stunden | $\frac{1}{4}$ Stunde | 15 min | 4 Tage

5. **Sarahs Sportbekleidung wiegt insgesamt 2 kg. Sarah wiegt 24 kg und ist 1,19 m groß. Ihre Katze wiegt 3 kg.** /3

Frage: ....

Rechnung:

Antwort: ....

6. **Vier Kinder teilen sich einen Liter Mineralwasser.** /3

Frage: ....

Rechnung:

Antwort: ....

7. **Es ist 13:30 Uhr. In 2 h 10 min beginnt das Volleyballspiel.** /3

Frage: ....

Rechnung:

Antwort: ....

Dein Testergebnis /36

Sachaufgaben lösen

Regel

Sachaufgaben kannst du leichter lösen, wenn du in mehreren Schritten vorgehst.

1. Schritt: Wichtige Daten erkennen
Frage dich: „Was weiß ich schon?"
Lies die Aufgabe genau und unterstreiche wichtige Angaben.

Übernachtung auf dem Bauernhof
Preise pro Nacht:
Erwachsene 28 €
Kinder 18 €

Familie Blum hat 250 € in der Reisekasse. Sie möchte mit 2 Erwachsenen und einem Kind drei Tage und Nächte Urlaub auf dem Bauernhof machen.

Wichtige Angaben: 250 €, 2 Erw. à 28 €, 1 Kind à 18 €, 3 Tage

2. Schritt: Eine passende Frage finden
Frage dich: „Was will ich wissen? Welche Daten suche ich?"

Was kostet der Urlaub auf dem Bauernhof?

3. Schritt: Den passenden Rechenweg finden
Bestimme die Reihenfolge der Rechenschritte und rechne.

Kosten für 2 Erwachsene und 1 Kinder pro Nacht berechnen, addieren, Ergebnis mit 3 multiplizieren.

$28\,€ \cdot 2 = 56\,€$ $\quad$ $56\,€ + 18\,€ = 74\,€$

$74\,€ \cdot 3 = 70\,€ \cdot 3 + 4\,€ \cdot 3 = 210\,€ + 12\,€ = 222\,€$

4. Schritt: Eine passende Antwort formulieren
Frage dich: „Was habe ich ausgerechnet?"
Lies die Frage noch einmal durch. Verwende möglichst viele Wörter aus der Frage.

Der Urlaub auf dem Bauernhof kostet Familie Blum 222 €.

I. Löse die Aufgabe in 4 Schritten.

Familie Kast hat im Hofladen 3 Gläser Marmelade, 2 Liter Milch und ein Päckchen Butter à 250 g für ein gemütliches Frühstück eingekauft.

1. Schritt: Unterstreiche wichtige Angaben und mache dir Notizen.

....

....

2. Schritt: Was möchtest du wissen? Formuliere eine Frage.

....

3. Schritt: Rechenweg finden. Notiere die Reihenfolge der Rechenschritte.

....

....

Rechne:

4. Schritt: Was hast du ausgerechnet? Formuliere die Antwort.

....

....

Sachaufgaben üben

Regel
Jede Sachaufgabe besteht aus einer Frage, einer Rechnung und einer Antwort.
Manchmal kannst du mehrere Fragen, Rechnungen und Antworten finden.

1. Färbe die zusammengehörenden Fragen, Rechnungen und Antworten in der gleichen Farbe. Rechne.

Piet und Leon kommen mit ihren Eltern und ihrer zweijährigen Schwester Lotta am Samstag um 13:00 Uhr am Bauernhof an. Familie Kast kommt mir ihrer 8-jährigen Tochter Carolin 2 Stunden später. Zur Stärkung kaufen sie für alle im Hofladen für 16 € Kuchen ein. Jeder bekommt 2 Stücke Kuchen. Dazu trinken sie Apfelsaft. Um 21 Uhr gehen die großen Kinder schlafen. Lotta schläft schon seit 2 Stunden.

Fragen	Rechnungen	Antworten
Was kostet 1 Stück Kuchen?	8 – 2 = ...	Lotta ist um .... eingeschlafen.
Wie viele Kuchenstücke hatten sie insgesamt?	8 + 2 = ...	Familie Kast kommt um .... Uhr an.
Wann ist Lotta eingeschlafen?	5 · 2 + 3 · 2 = ...	Ein Stück Kuchen kostet ....
Wann kommt Familie Kast an?	13:00 —(+ 2 h)→	Alle Kinder konnten .... Stunden zusammen spielen.
Wie groß ist der Altersunterschied zwischen Lotta und Carolin?	15:00 ——→ 21:00	Sie hatten insgesamt ...... Stücke Kuchen.
Wie lange konnten alle Kinder zusammen spielen?	16 € : 16 = ...	Der Altersunterschied beträgt .... Jahre.
	15:00 —(+)→ 19:00	
	21:00 —(– 2 h)→	
	16 € : 8 = ...	

2. **Löse in vier Schritten.**

1. Schritt: Unterstreiche wichtige Angaben.
Mache Notizen, wenn nötig.

....

....

2. Schritt: Was möchtest du wissen?

Frage: ....

3. Schritt: Rechenweg finden.

Reihenfolge der Rechenschritte: ....

Rechnung:

4. Schritt: Antwort: ....

3. **Löse in vier Schritten.**

Auf dem Bauernhof leben 20 Ziegen. 5 Ziegen geben Milch.
Pro Woche kommen so insgesamt 35 Liter Ziegenmilch zusammen.

1. Unterstreiche und notiere: ....

2. Frage: ....

3. Rechnung: ....

4. Antwort: ....

Zeichnerische Lösungshilfen I

Regel

Bei Sachaufgaben mit Strecken und Teilen von Strecken kannst du eine **Streckenskizze** mit allen Streckenteilen aufzeichnen, um den Überblick zu bekommen.

Beispiel: Der Parkplatz für die 6 Stellplätze vor dem Haus ist 18 m lang, alle Stellplätze sind gleich groß. Wie breit ist jeder Stellplatz?

- Zeichne zuerst 6 gleiche Streckenstücke.
- Zeichne dann die Gesamtstrecke.
- Rechne. 18 m : 6 = 3 m. Jeder Parkplatz ist 3 m breit.

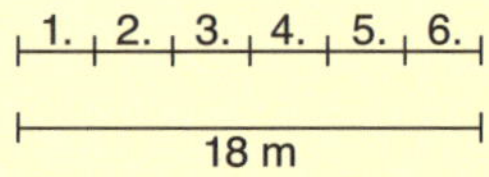

1. **Familie Berger unternimmt eine Fahrradtour von Berghausen über den Naturpark, am Heidesee vorbei nach Talhausen.**

Frage: Wie weit ist die Strecke?

Skizze:

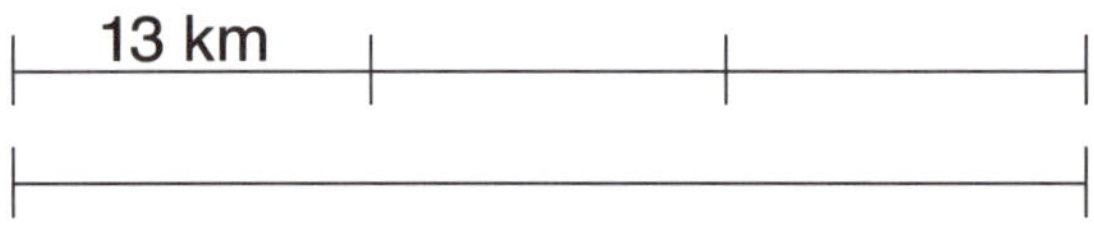

Rechnung: ....

Antwort: ....

2. **Familie Berger kann die Fahrräder für die 688 km lange Strecke von Frankfurt nach Hamburg im Zug mitnehmen. Im 269 km entfernten Düsseldorf müssen sie einmal umsteigen.**

Frage: Wie lang ist die Zugstrecke von Düsseldorf nach Hamburg?

Skizze:

Rechnung:

Antwort: ....

3. **Ein Fahrradständer für sechs Fahrräder ist 2,50 m breit.**
Alle Stellplätze haben die gleiche Breite.

Frage: ....

Skizze:

Rechnung:

Antwort: ....

Tipp

Bei vielen Sachaufgaben werden Situationen mit Mengen oder Anzahlen beschrieben. Auch hier kann dir eine Skizze helfen.

4. **Am Strand**

Frage 1: Wie viel haben die Kinder jeweils getrunken?
Frage 2: Wie viel Wasser ist noch in der 1-Liter-Flasche?

Skizze:

Rechnung:

Antwort 1: ....

Antwort 2: ....

Zeichnerische Lösungshilfen II

Regel

Sachaufgaben mit Uhrzeiten, Daten und Zeitspannen kannst du mit **Pfeilbildern** übersichtlich darstellen.

Beispiel: vom 10.04. bis zum 03.05.:

1. Pfeilbild: Rechne bis zum Monatsende und einen Tag weiter:
   10.04. —+ 20 Tage→ 30.04. —+ 1 Tag→ 01.05.
2. Pfeilbild: Berechne die restlichen Tage:
   01.05. —+ 2 Tage→ 03.05.
3. gesamt: Addiere: 20 Tage + 1 Tag + 2 Tage = 23 Tage

1.

Frage: Wie viele Tage kann Familie Batke höchstens gemeinsam Urlaub machen?

Rechnung: 07.08. —+ ______ Tage→ ______

Zähle die Anzahl der Übernachtungen.

Antwort: ....

2. Heute ist der 4. Mai. Heute vor zwei Wochen ist Lukas von seiner ersten Reitfreizeit zurückgekommen.

Frage: ....

Rechnung:

Antwort: ....

Regel

Bei schwierigen Aufgaben, die du in mehreren Schritten lösen musst, hilft dir ein **Rechenbaum**. Darin kannst du die Reihenfolge der Rechnungen und die gegebenen und gesuchten Daten übersichtlich darstellen.

Beispiel:

Frau Schäfer kauft 2 Eintrittskarten zu je 18 € und das Programmheft für 3 €. Da sie einen Gutschein über 15 € einlöst, wird dieser Betrag von der Gesamtsumme abgezogen.

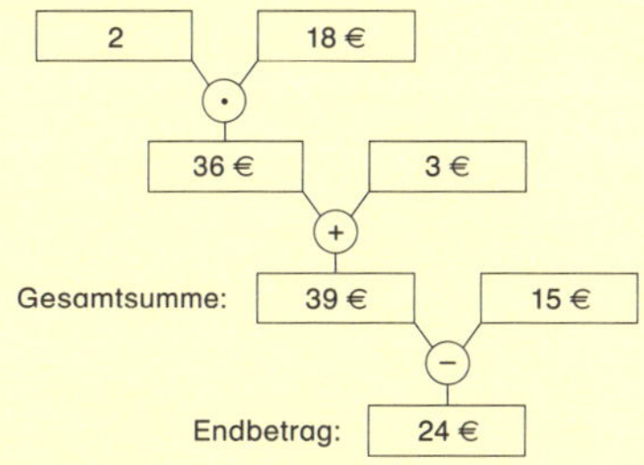

Rechnung: 2 • 18 € = 36 € 36 € + 3 € = 39 € 39 € – 15 € = 24 €

Antwort: Frau Schäfer muss 24 € bezahlen.

1. Cem kauft 3 Kinokarten zu je 6 € und eine Tüte Popcorn zu 2,50 €. Reicht sein 20-Euro-Schein?

Rechnung: ....

....

....

Antwort: ....

....

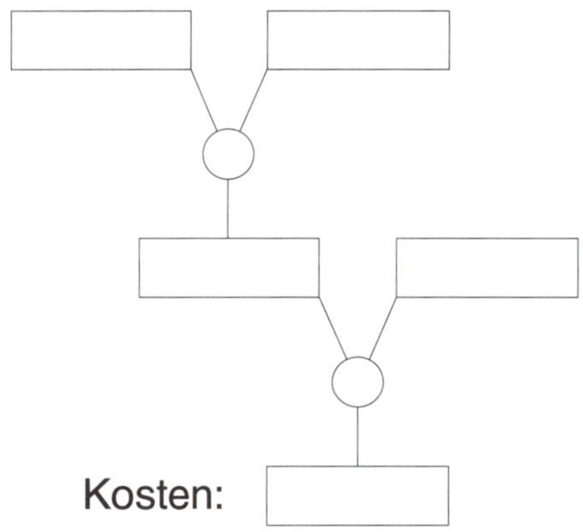

2. Lars, Jana und Sofie bestaunen im Kindermuseum 156 Exponate. Nur die Hälfte der Exponate hat ein Schild „berühren verboten".
Wie viele Exponate dürfen die Kinder anfassen? Löse mit einem Rechenbaum.

Rechnung: ....

....

....

Antwort: ....

....

7. Test

Bist du fit?

1. Löse in vier Schritten. /4

Auf dem Geflügelhof leben 4 schöne Hähne, 204 glückliche Legehennen, 53 niedliche Küken und 20 freche Gänse. Der Hofhund wacht seit 5 Jahren über das Geflügel.
Unterstreiche wichtige Angaben.

Frage: ....

Rechnung:

Antwort: ....

....

....

2. Das Reitpferd Cindy benötigt täglich 25 Liter Wasser. /2

Frage: Wie viel Wasser benötigt Cindy in einer Woche?

Rechnung:

Antwort: ....

....

....

3. Eine Reisegruppe fliegt mit dem Flugzeug von Düsseldorf über München nach Athen. Von Düsseldorf bis München sind es 326 km. Die Gesamtstrecke beträgt 1 816 km. /4

Frage: ....

Skizze:

Rechnung:

Antwort: ....

4. **Lucies Geburtstagstorte wird mit 6 Schnitten in gleich große Stücke aufgeteilt. 4 Stücke Torte isst Lucie mit ihrer Freundin Hanna.** /3

Frage: Wie viele Tortenstücke bleiben übrig.

Skizze: Rechnung:

Antwort: ....

5. **Am 27.12. fährt Paul in den Skiurlaub.** /3
Bis dahin sind es noch genau drei Wochen.

Frage: ....

Skizze: Rechnung:

Antwort: ....

6. **Die Buchhandlung bestellt 6 Reiseführer.** /3
Ein Buch wiegt 150 g. Die Verpackung ist 180 g schwer.

Frage: Wie schwer wird die Büchersendung insgesamt?

Rechnung: ....

....

....

Antwort: ....

....

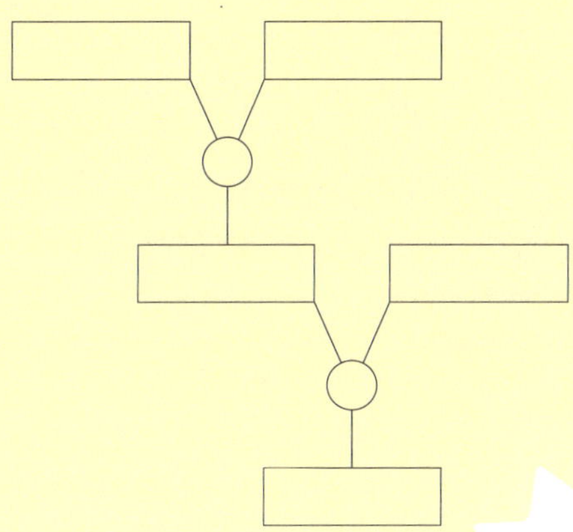

Dein Testergebnis /19

Tabellen

Regel

In einer **Tabelle** werden Informationen übersichtlich dargestellt.
Die Tabelle hat Zeilen und Spalten.
Am Rand ist angegeben, welche Informationen dargestellt sind.

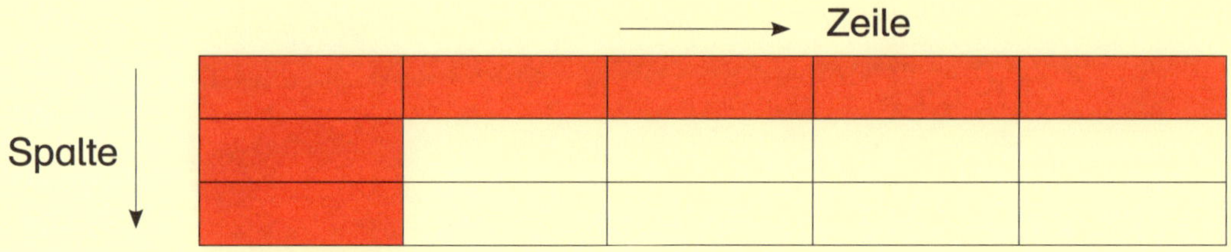

1. **Beantworte die Frage der Zoobesucherin.**

Eintrittspreise Zoo	Tageskarte	10er-Karte	Jahreskarte
Erwachsene	6 €	40 €	50 €
Kinder ab 5 Jahren	3 €	20 €	20 €
Senioren ab 60 Jahren	4 €	30 €	40 €

Antwort: ....

Tipp

Wenn eine Tabelle unvollständig ist, kannst du die fehlenden Daten oft durch einfaches Rechnen ergänzen. Gehe hierbei so vor:

– Schaue dir zuerst die vorhandenen Daten gut an (schwarze Zahlen).
– Ergänze dann die Daten, die du leicht errechnen kannst (rote Zahlen).
– Aus den ergänzten Daten kannst du die übrigen Daten errechnen (grüne Zahlen).

Beispiel: **Vögel in unserem Zoo**

Anzahl	Raubvögel	Singvögel	Papageien	gesamt
männlich	8	27	21	56
weiblich	9	16	13	38
gesamt	17	43	34	94

1. Ergänze die Tabelle.

Pinguine in unserem Zoo

Anzahl	Eselspinguine	Zwergpinguine	Kaiserpinguine	gesamt
männlich	27		3	
weiblich	25	17		
gesamt		39		97

2. Lies die Aussagen sorgfältig durch. Welche Informationen kannst du der Tabelle von Aufgabe 1 entnehmen? Kreuze an.

	richtig	falsch	?
Im Zoo gibt es 3 Pinguinarten.	☐	☐	☐
Die Kaiserpinguine sind die größten.	☐	☐	☐
Es gibt mehr Eselspinguine als Zwergpinguine.	☐	☐	☐
Die Zwergpinguine fressen mehr Fische als die Eselspinguine.	☐	☐	☐
Es gibt mehr weibliche als männliche Pinguine im Zoo.	☐	☐	☐

Diagramme

Regel

In einem **Säulendiagramm** werden Informationen als Säulen dargestellt.
Am Rand steht jeweils, worüber das Diagramm informiert.
Du kannst die Daten über die Länge der Säulen direkt vergleichen.

1. **Sieh dir das Diagramm genau an. Kannst du die Fragen beantworten?**

Durchschnittliche tägliche Besucherzahlen unserer Schwimmbäder in einem Jahr

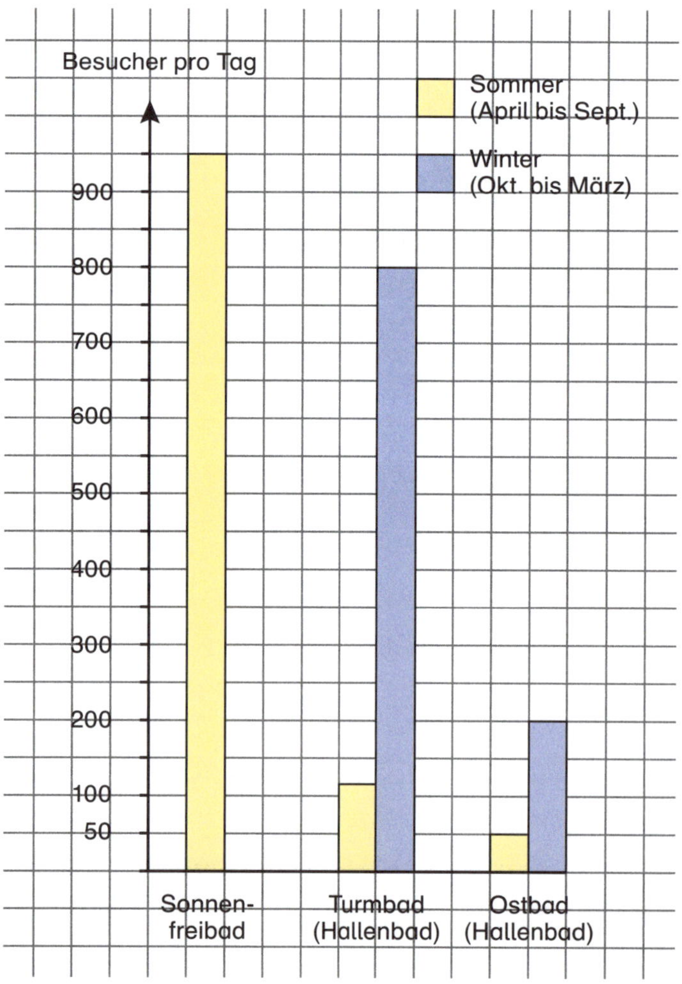

a) Welches Schwimmbad hat im Jahr die meisten Besucher?

Antwort: ....

b) Welches Schwimmbad hat im Winter die meisten Besucher?

Antwort: ....

c) Hat das Freibad im Sommer mehr Besucher als die beiden Hallenbäder im Winter zusammen?

Antwort: ....

Tipp

In einem **Linien- oder Kurvendiagramm** werden Mengen zu bestimmten Zeitpunkten dargestellt. Auf diese Weise kann man zeitliche Entwicklungen gut sehen.

In einem **Kreis- oder Tortendiagram** zeigt das größte Tortenstück den größten Anteil an.

2. Besucherzahlen des Sonnenfreibads pro Tag

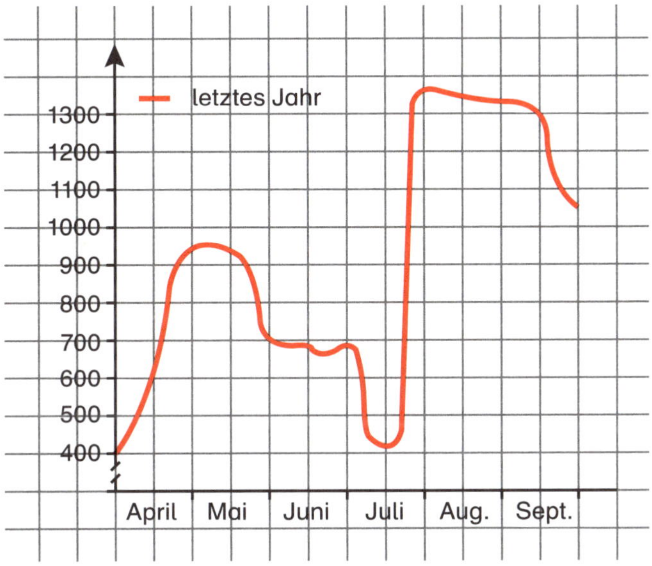

Das Diagramm zeigt die Besucherzahlen des Sonnenfreibads im letzten Jahr.
In welchen Monaten kamen letztes Jahr mehr als 1 000 Besucher pro Tag?

Antwort: ....

....

3. Das Umfrageergebnis zeigt, was den Menschen im Sonnenfreibad am besten gefällt. Jeder Besucher durfte nur eine Antwort geben.

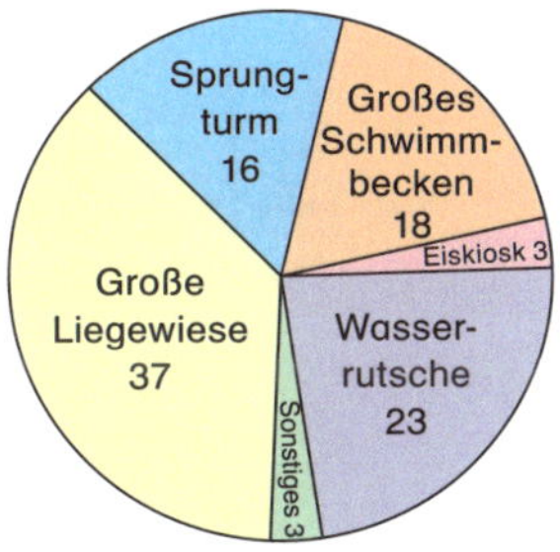

a) Was gefällt den meisten Besuchern am besten?

Antwort: ....

....

b) Wie viele Personen wurden insgesamt befragt?

Antwort: ....

Tabellen und Diagramme erstellen

Regel

Wenn sich die fehlenden Daten einer Tabelle nicht errechnen lassen, so benötigst du weitere Informationen, um die Tabelle zu vervollständigen.

Diese Informationen kannst du in einem Text, in Bildern, Skizzen oder auch in Diagrammen finden.

1. Im Zoo sind das Tigermännchen Timo und das Tigerweibchen Tina zur Welt gekommen. Erstelle eine Tabelle über ihre Entwicklung.

Tina, 6 Tage, kann schon hören

Tina, 10 Tage

Tina, 22 Tage

Timo, 9 Tage, Ohren haben sich geöffnet

Timo, 10 Tage

Timo, 21 Tage

Entwicklung der Tiger Tina und Timo in Tagen

	Ohren öffnen	Augen öffnen	erstes Gehen
Timo			
Tina			

Tipp

Du kannst Diagramme nach einem Text, einem Bild, einer Zeichnung oder einer Tabelle selbst erstellen. Überlege hierfür genau, wie die Größeneinteilungen auf den Achsen sein müssen.

Es kommt darauf an, dass du die wichtigen Daten in dem, was vorgegeben ist, findest und in dem Diagramm so verwendest, dass man einen guten Überblick über die Daten erhält.

2. Erstelle ein Säulendiagramm zu den Bestzeiten der Kinder beim Schwimmen über 500 Meter.

Bestzeiten über 500 m

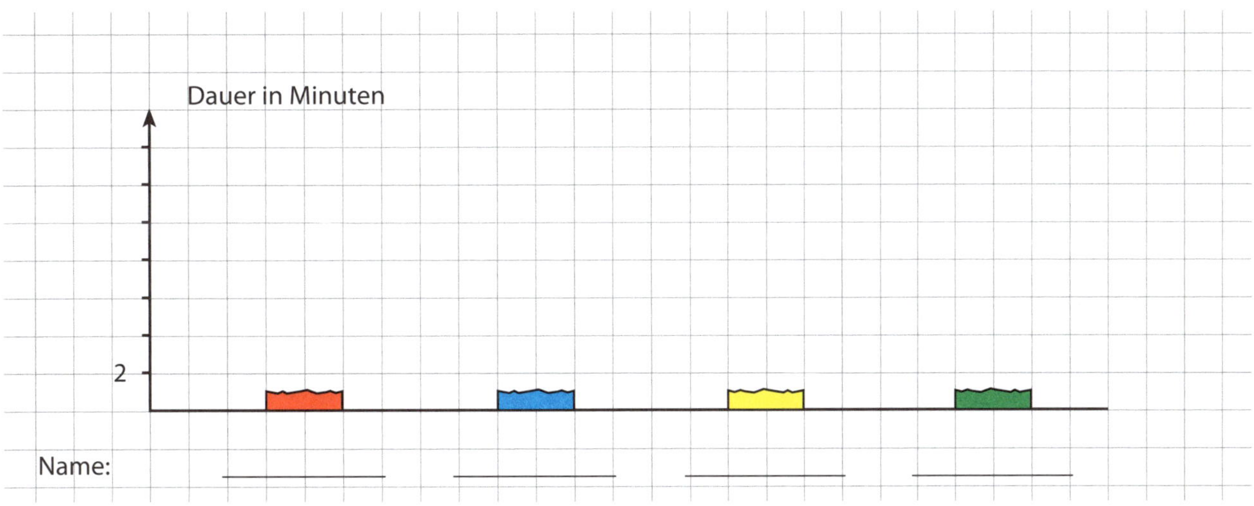

8. Test

Bist du fit?

1. So schnell können Pinguine in freier Wildbahn schwimmen: /12

a) Ergänze die Tabelle.

Tierart \ Zeit	15 min	30 min	1 h	2 h
Kaiserpinguin	2,5 km			
Zwergpinguin			5 km	
Adélipinguin				40 km
Galapagospinguin		20 km		

b) Beantworte die Fragen mithilfe der Tabelle. /4

Welche Pinguinart kann am schnellsten schwimmen?

....

....

Wie weit könnte ein Kaiserpinguin in 4 Stunden schwimmen?

....

....

Welche Strecke könnten 8 Zwergpinguine in 15 Minuten zurücklegen?

....

....

Welche Pinguinart schwimmt am langsamsten?

....

....

2. **Wie viel Futter brauchen die Huftiere täglich? Erstelle eine Tabelle.** **/4**

Pony:
morgens, mittags und abends jeweils 1 kg

Pferd:
morgens 4 kg, dann je 3 kg

Zebra:
morgens 2 kg, dann je 1,5 kg

Esel:
morgens und abends 1,5 kg, mittags 1 kg

Zeit / **Tierart**				
gesamt				

3. **Beantworte die Fragen zum Diagramm.** **/5**

Schwimmzeiten über 1 000 m

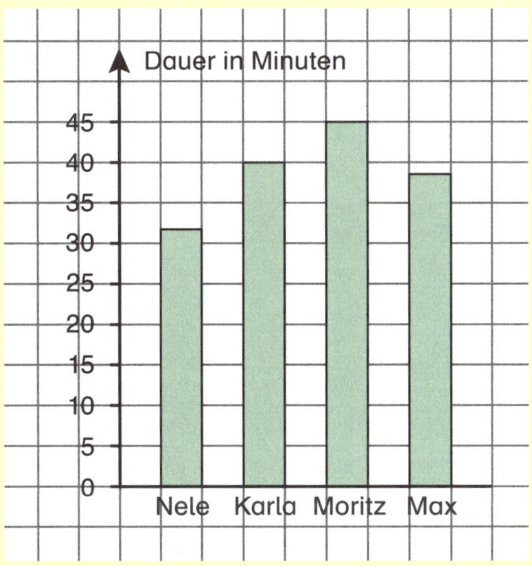

a) Wer ist am schnellsten geschwommen?

.... mit .... Minuten.

b) Wie groß ist der Zeitunterschied zwischen dem schnellsten und dem langsamsten Schwimmer?

.... Minuten.

c) Wer war schneller: Karla oder Max?

.... um .... Minuten.

Dein Testergebnis **/25**

Symmetrie

Regel

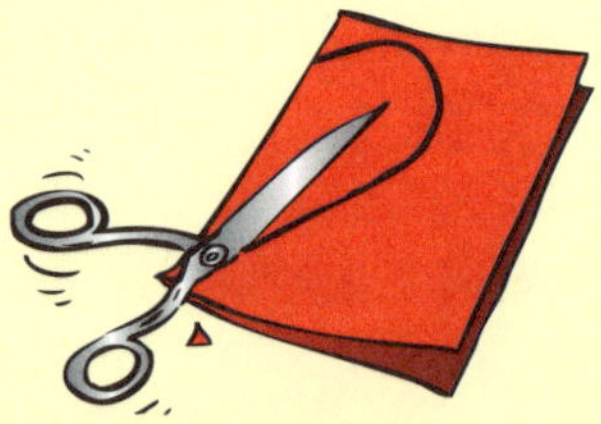

Die beiden Hälften des Herzens passen genau aufeinander. Das Herz ist **symmetrisch**. Die gerade Linie, die das Herz in zwei gleiche Hälften teilt, heißt **Symmetrieachse**.

Formen können eine oder mehrere Symmetrieachsen haben.

1. Welche Formen sind symmetrisch?
Zeichne die Symmetrieachsen mit dem Lineal ein.

2. Welche dieser Linien sind Symmetrieachsen? Ziehe sie farbig nach.

a)
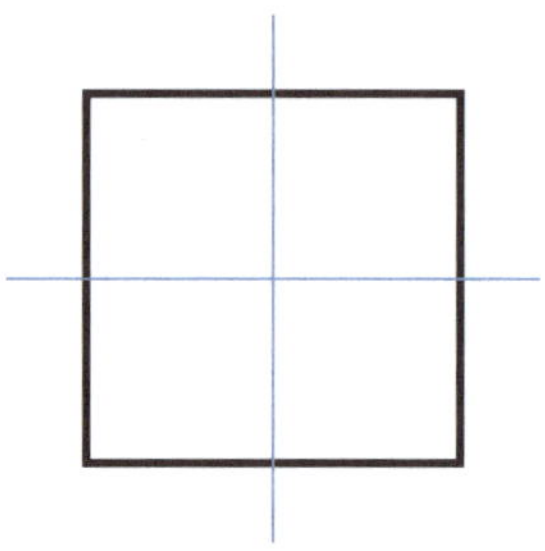

b)
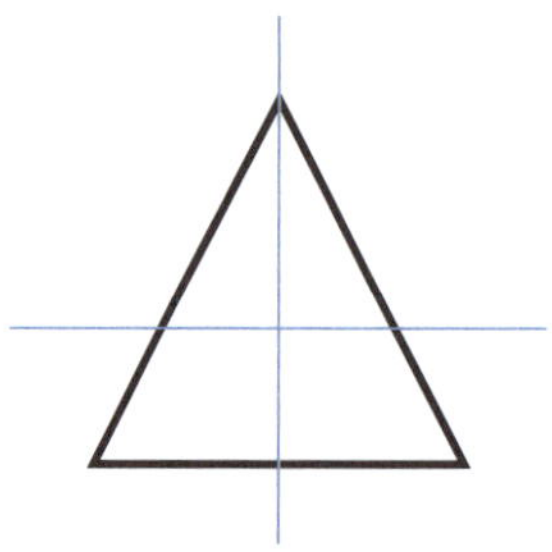

c)
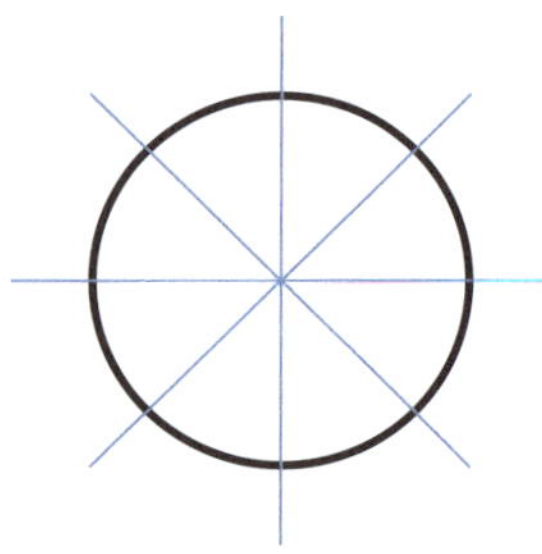

d)
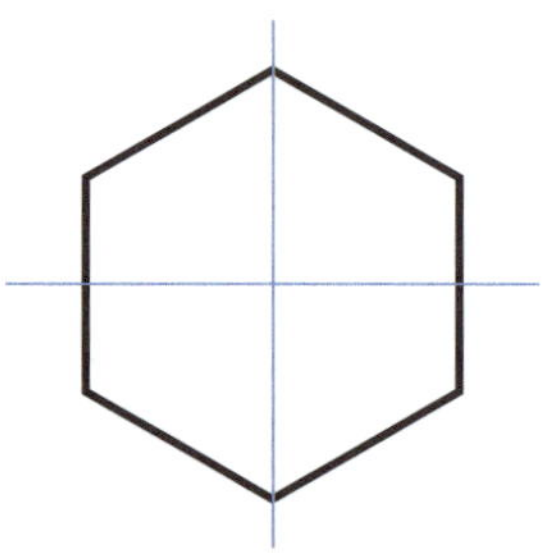

e)
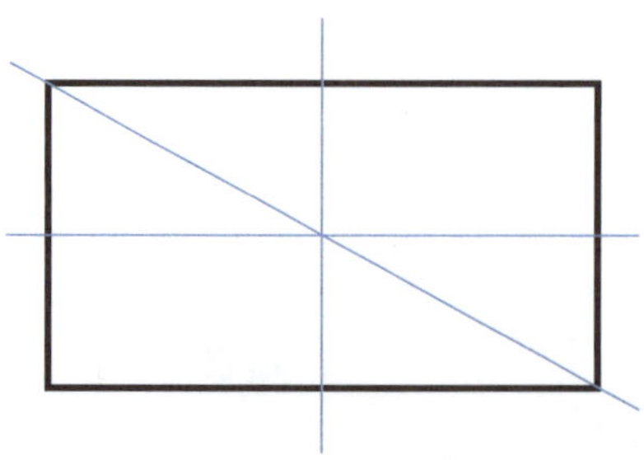

3. Welche Wörter sind achsensymmetrisch? Zeichne die Symmetrieachse ein.

MAMA UHU HEXE

OTTO ANNA

4. Ergänze die Figur symmetrisch.

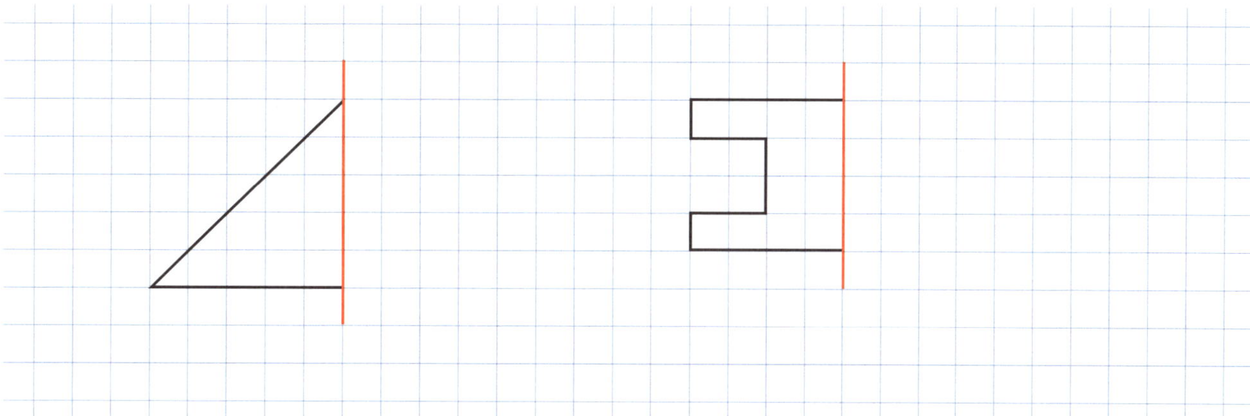

5. Spiegel die Wörter zuerst an der roten, dann an der grünen Achse.

6. Zeichne alle Symmetrieachsen ein.

Geometrische Flächen

Regel

Beim Zeichnen und Untersuchen von Figuren gibt es viele Fachbegriffe.

- **senkrecht:** eine Gerade steht aufrecht
- **waagerecht:** eine Gerade liegt
- **parallel:** zwei Geraden haben überall den gleichen Abstand
- **rechter Winkel:** schneiden sich zwei Geraden im rechten Winkel, so stehen sie senkrecht zueinander.

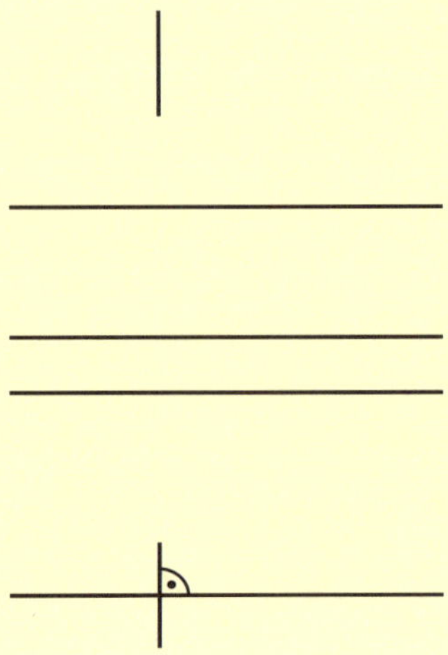

1. **Zeichne mit dem Geodreieck je 2 parallele Geraden.**

2. **Dein Geodreieck hat mehrere rechte Winkel, die dir beim Zeichnen helfen können. Zeichne die rechten Winkel ein.**

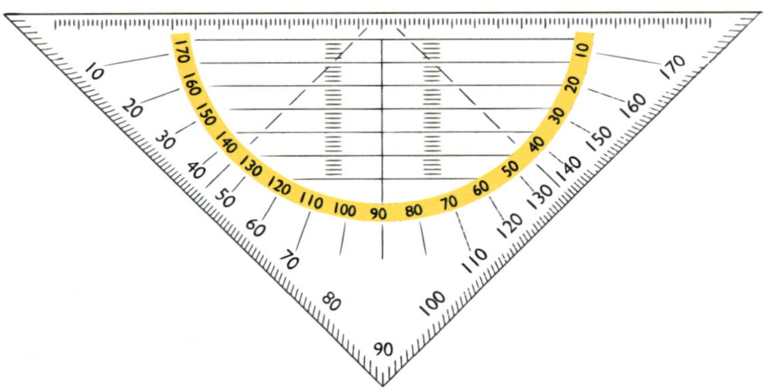

3. **Kennzeichne die rechten Winkel in der Schülerzeichnung. Ziehe parallele Linien mit gleicher Farbe nach.**

Tipp

Die Länge des Randes einer ebenen Figur nennt man **Umfang**.
Das, was in der Figur ist, nennt man **Fläche**.

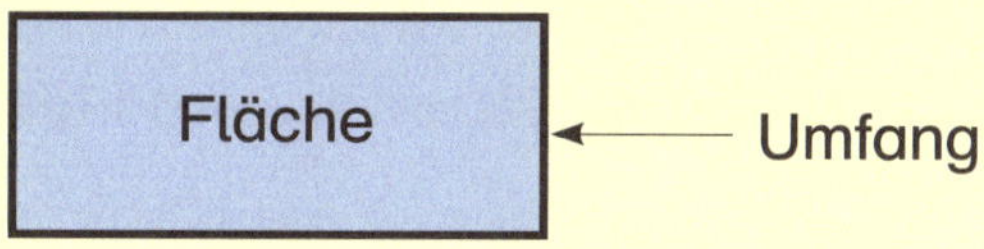

4. **Welche Figur hat den größten Umfang? Kreuze an.**

a) ☐

b) ☐

c) ☐

5. **Zeichne die Figuren aus Aufgabe 4 ab.**

a) Wie viele Karokästchen hat jede Fläche?

b) Male die Figur mit der größten Fläche aus.

……… Kästchen ……… Kästchen ……… Kästchen

Geometrische Körper

Regel

Geometrische Körper unterscheiden sich durch Form und Anzahl ihrer **Flächen** sowie durch die Anzahl ihrer **Kanten** und **Ecken**.

Beispiel:

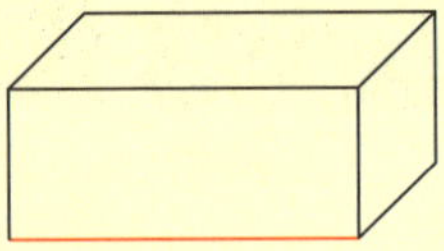
Kante

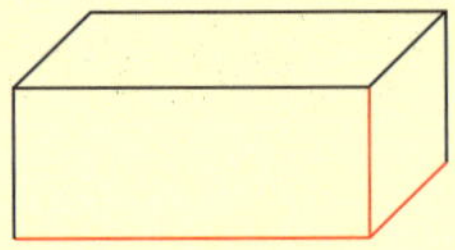
Ecke

Fläche

1. Notiere die Anzahl der Ecken, Kanten und Flächen der Körper in die Tabelle.

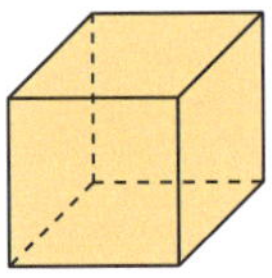
Würfel

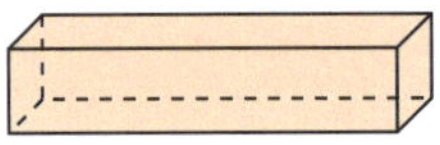
Quader

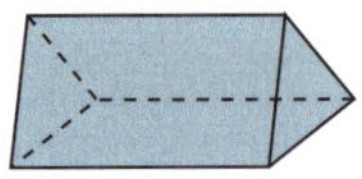
Prisma

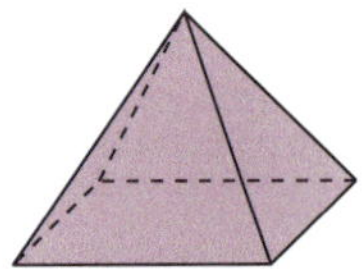
Pyramide

Kegel

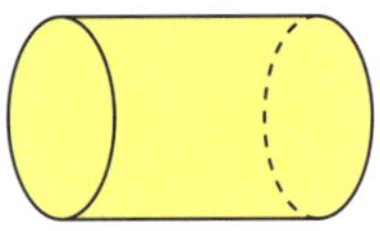
Zylinder

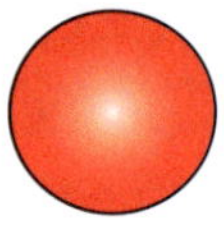
Kugel

	Ecken	Kanten	Flächen
Würfel			
Quader			
Prisma			
Pyramide			
Kegel			
Zylinder			
Kugel			

2. **An welchen Körpern kommen diese Flächen vor?**

		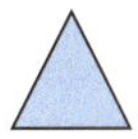	

Tipp

Um einen Würfel zu falten, benötigst du eine Schere und eine Vorlage, in der die sechs quadratischen Flächen des Würfels so angeordnet sind, dass sich ein Würfel falten lässt. Diese Vorlage nennt man ein **Würfelnetz**.

3. **Aus welchen Netzen kannst du einen Würfel falten? Kreuze an.**

a) ☐

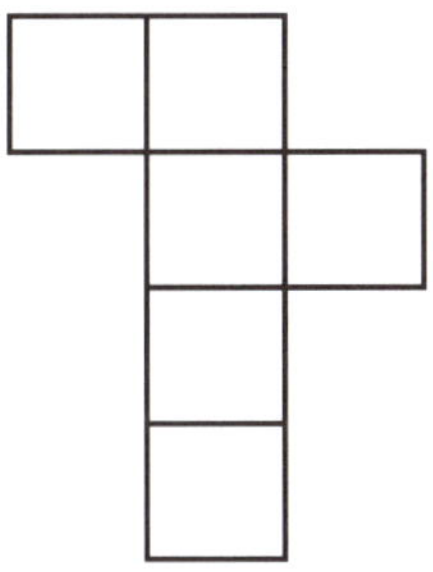

b) ☐

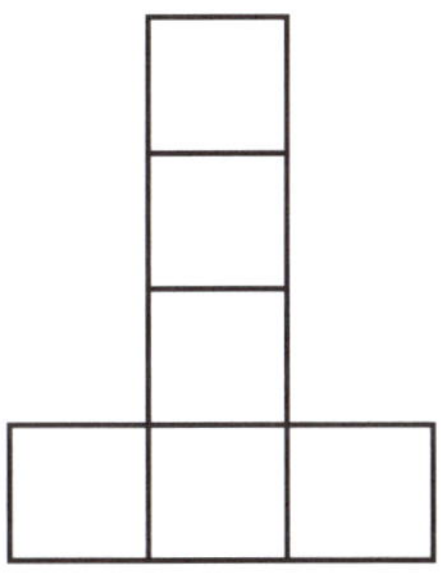

c) ☐

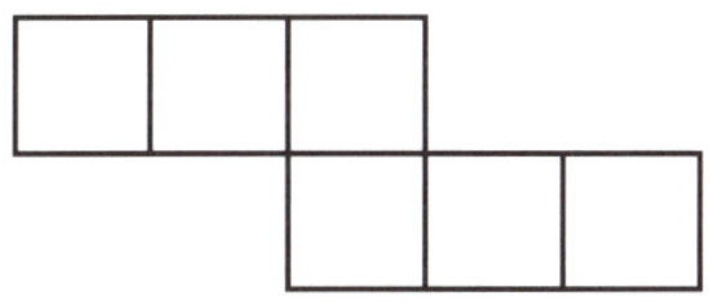

d) ☐

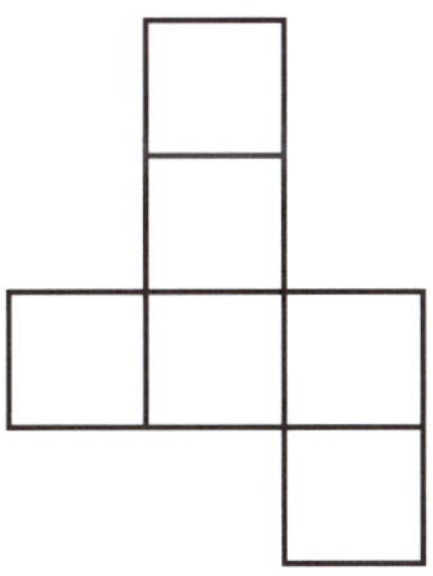

e) ☐

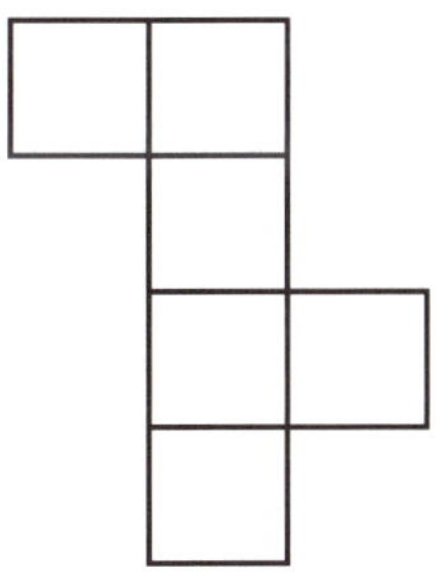

f) ☐

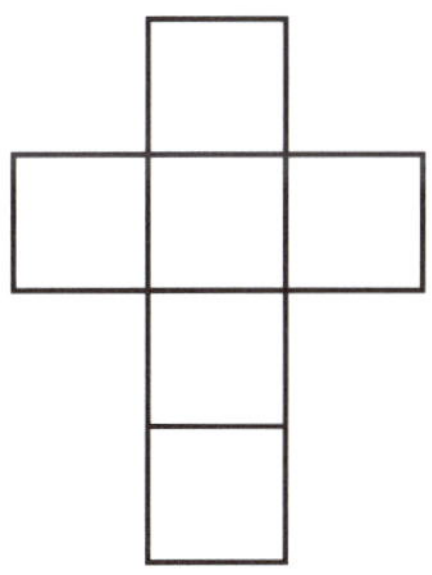

9. Test

Bist du fit?

1. Zeichne die Symmetrieachsen ein. /3

2. Ergänze zu einer symmetrischen Figur. /1

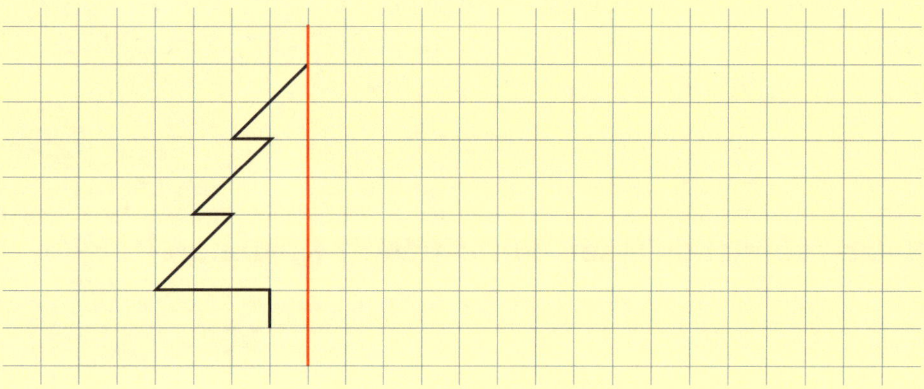

3. Zeichne mit dem Geodreieck: /4

a) drei parallele Geraden

b) eine waagerechte Gerade

c) eine senkrechte Gerade

d) einen rechten Winkel

4. **Wie groß sind jeweils Umfang und Fläche?** /4

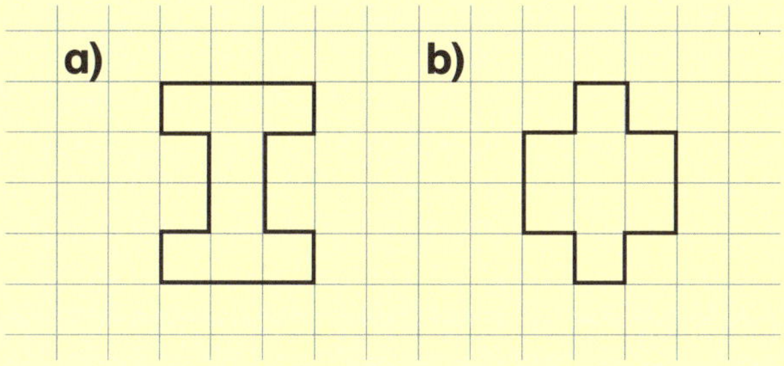

	Figur a)	Figur b)
Umfang (in Kästchenlänge)		
Fläche (in Karokästchen)		

5. **Wie heißen die Körper?** /4

Wie viele Ecken, Kanten und Flächen haben sie?

	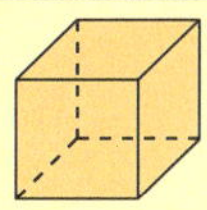	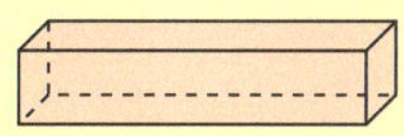	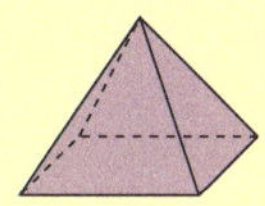	
Name				
Ecken				
Kanten				
Flächen				

6. **Ergänze zu einem Würfelnetz.** /1

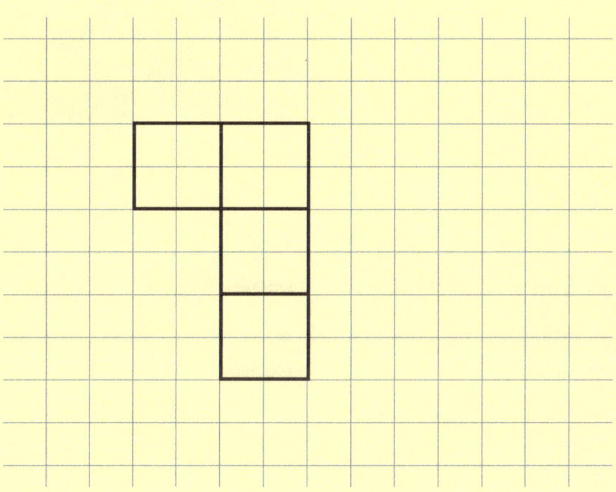

Dein Testergebnis /17

10. Wahrscheinlichkeit und Knobelaufgaben

Wahrscheinlichkeit

Regel

Welche Summe sich bei einem Wurf mit mehreren Würfeln ergibt, lässt sich nicht voraussagen. Es gibt aber Summen, die öfter auftreten als andere, da sie sich bei mehreren Wurfkombinationen ergeben. Sie sind **wahrscheinlicher** als andere.

1. Mit zwei Würfeln würfeln.

Welche Würfelsummen sind beim Würfeln mit zwei Würfeln möglich? Notiere.

2, ...

2. Lisa, Finn, Lucy und Chris würfeln um die höchste Gesamtsumme. Wer ist nach drei Würfen der Sieger?

	Lisa	Finn	Lucy	Chris
1. Wurf	2	7	5	7
2. Wurf	10	4	7	3
3. Wurf	8	9	12	6
gesamt				

Antwort: ....

3. Notiere alle Möglichkeiten, mit zwei Würfeln folgende Summen zu würfeln.

Summe 3: 1 + 2 ....

Summe 7: ....

Summe 10: ....

Summe 11: ....

Summe 12: ....

Summe 13: ....

4. **Die Kinder haben mit zwei Würfeln jeweils 40-mal gewürfelt und die Augenzahlen der Würfel addiert. Die Summe haben sie in der Tabelle notiert. Beantworte die Fragen.**

Summe	2	3	4	5	6	7	8	9	10	11	12
Lisa		II	IIII	卌 I	卌 I	卌 I	IIII	卌 I	IIII		II
Finn	III	II	III	卌 II	卌	卌 IIII	III	II	卌		I
Lucy	II	III	II	卌	卌	卌	卌	IIII	II	卌 I	I
Chris	II		IIII	卌 II	IIII	卌 I	卌 I	卌	IIII	II	
gesamt											

a) Welche Summe wurde insgesamt am häufigsten gewürfelt? ....

b) Welche Summe hat Chris am häufigsten gewürfelt? ....

c) Welche Summe hat Finn am häufigsten gewürfelt? ....

d) Welche Summe kam am wenigsten vor? ....

e) Kannst du die Würfelergebnisse erklären? ....

....

5. **Welche Aussagen sind richtig? Kreuze an.**

Beim Würfeln mit zwei Würfeln …	richtig	falsch
… fällt die Summe 3 oft.	☐	☐
… hat die Summe 5 die kleineste Wahrscheinlichkeit.	☐	☐
… hat die Summe 7 die größte Wahrscheinlichkeit.	☐	☐
… ist die Summe 13 unmöglich.	☐	☐
… haben die Summen 2 und 12 die gleiche Wahrscheinlichkeit.	☐	☐

Kombinationsmöglichkeiten

Tipp

Bei kombinatorischen Aufgaben ist es wichtig, dass du jede Möglichkeit zum Kombinieren beachtest. Bevor du dir die Möglichkeiten überlegst, stelle dir die Situation gut vor und mache eine Skizze.

1. „Mühle" spielt man zu zweit.

Frage: ....

Skizze:

Antwort: ....

....

....

2. Die Kinder möchten ihre Hosen und T-Shirts tauschen.

Wie viele Kombinationsmöglichkeiten gibt es?

Skizze:

Rechnung: ....

Antwort: ....

3. Uroma Maus hat 4 Töchter.
Jede Tochter hat wiederum 3 Töchter
und diese haben je 2 Mäusemädchen.

Wie viele Urenkelinnen hat Uroma Maus?

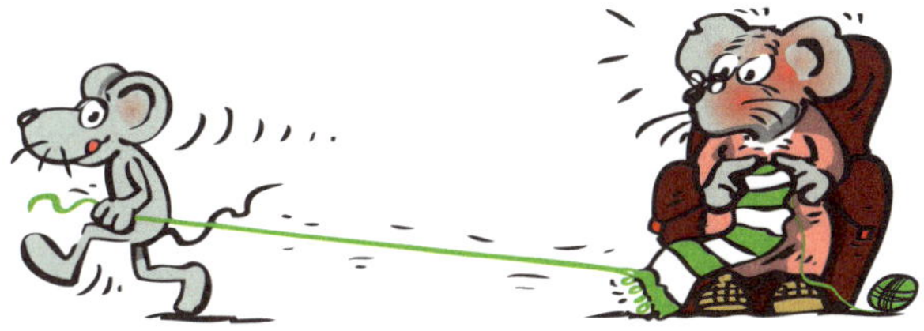

Antwort: ....

4. Carolin sucht eine Geheimnummer.
Sie muss 6 Stellen haben und mit 77 beginnen.
Alle ungeraden Ziffern kommen mindestens einmal vor.

Wie viele Möglichkeiten hat Carolin?

Antwort: ....

10. Test

Bist du fit?

1. Überprüfe die Aussagen. Kreuze an. /4

Beim Würfeln mit 3 Würfeln …	richtig	falsch
… haben die Summen 3 und 18 die kleinste Wahrscheinlichkeit.	☐	☐
… fällt die Summe 9 oft.	☐	☐
… fällt die Summe 16 nie.	☐	☐
... ist die Summe immer größer als 2.	☐	☐

2. Beim Würfelspiel bringt der Wurf „großes Haus“ viele Punkte. /2
Wenn beim Würfeln mit fünf Würfeln zwei Würfel eine Zahl und drei Würfel eine andere Zahl zeigen, hat man „großes Haus“.

Welches ist die höchstmögliche Augenzahl für ein „großes Haus“?

Rechnung: ....

Antwort: ....

3. Wie viele Kombinationsmöglichkeiten gibt es für fünf Hosen, zwei T-Shirts und einen Pullover?
Kombiniere jeweils ein Ober- und ein Unterteil. /3

Antwort: ....

4. Eine Flagge soll die Farben gelb, rot und blau haben. Wie viele verschiedene Möglichkeiten gibt es, die Flagge anzumalen? /1

Antwort: ....

5. Wie viele Hühner und wie viele Schafe leben auf dem Bauernhof? /2

Es sind 20 Tiere mit insgesamt 54 Beinen.

Antwort: ....

Dein Testergebnis /12

Fachbegriffe

Stellenwerte

Einer (E)	
Zehner (Z)	1 Z = 10 E
Hunderter (H)	1 H = 10 Z = 100 E
Tausender (T)	1 T = 10 H = 100 Z = 1 000 E

Runden

Bei 0, 1, 2, 3 und 4 wird abgerundet.
Bei 5, 6, 7, 8 und 9 wird aufgerundet.

Bsp.: Runde auf Zehner: 736 ≈ 740
Runde auf Hunderter: 736 ≈ 700

Zahlvergleiche

7 < 9	8 > 6	3 = 3
„ist kleiner als“	„ist größer als“	„gleich“

Addieren

Summand + Summand = Summe
62 + 27 = 89

	6	2
+	2	7
	8	9

Subtrahieren

Minuend – Subtrahend = Differenz
364 – 112 = 252

	3	6	4
–	1	1	2
	2	5	2

Multiplizieren

Faktor • Faktor = Produkt
6 • 24 = 144

halbschriftlich multiplizieren:
6 • 24 = 144
6 • 20 = 120
6 • 4 = 24

Dividieren

Dividend : Divisor = Quotient
525 : 7 = 75

halbschriftlich dividieren:
525 : 7 = 75
490 : 7 = 70
35 : 7 = 5

Maßeinheiten

Geld

1 Euro = 100 Cent

1 € = 100 ct

Zeit

1 Jahr = 12 Monate = 365 Tage

1 Tag = 24 Stunden

1 Stunde = 60 Minuten

1 Minute = 60 Sekunden

Längen

1 Kilometer (km) = 1 000 Meter (m)

1 Dezimeter (dm) = 10 Zentimeter (cm)

1 Meter (m) = 10 Dezimeter (dm)

1 Zentimeter (cm) = 10 Millimeter (mm)

Hohlmaße

1 Liter (l) = 1 000 Milliliter (ml)

Gewichte

1 Tonne (t) = 1 000 Kilogramm (kg)

1 Kilogramm (kg) = 1 000 Gramm (g)

Linien

Linie

Gerade

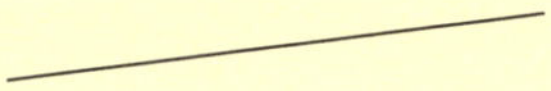

Strecke

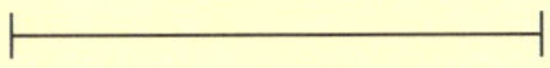

parallel

senkrecht

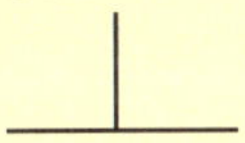

rechter Winkel

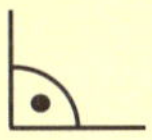

Geometrische Figuren (Flächen)

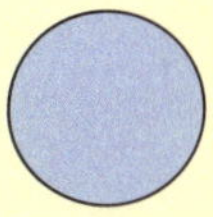

Kreis

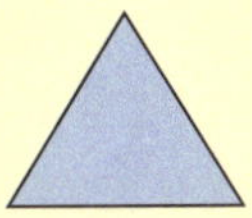

Dreieck

Quadrat

Rechteck

Geometrische Körper

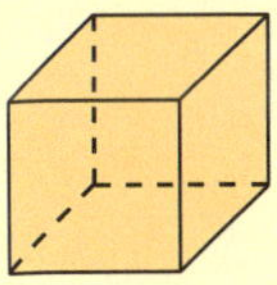

Würfel

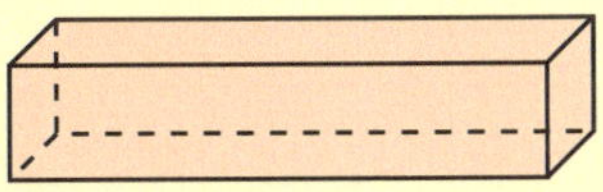

Quader

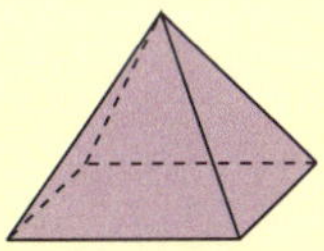

Pyramide

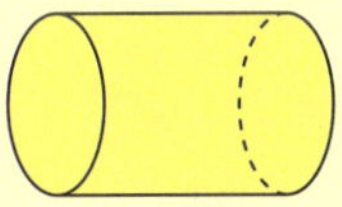

Zylinder

Kugel

LERN STARK

Fit in der Grundschule

Mathematik 3

Lern- und Übungsbuch
Lösungen

Lösungsheft zu 978-3-507-23238-9

Schroedel

Seite 6 – Kapitel I

1.

a) 1, 12, 23, 34, 45, 56, 67, 78, 89, 100

b) 1, 11, 21, 31, 32, 33, 40, 50, 60

2.

1									10
		23	24			27	28		
				45	46				
		63					68		
			74	75	76	77			
91									

3.

16, 19, 20, 23, 61, 85, 87, 90

Seite 7

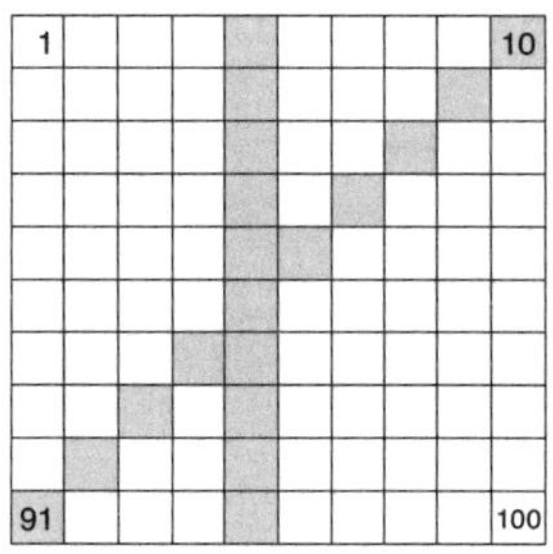

4.

a) 5, 15, 25, 35, 45, 55, 65, 75, 85, 95

b) 91, 82, 73, 64, 55, 46, 37, 28, 19, 10

5.

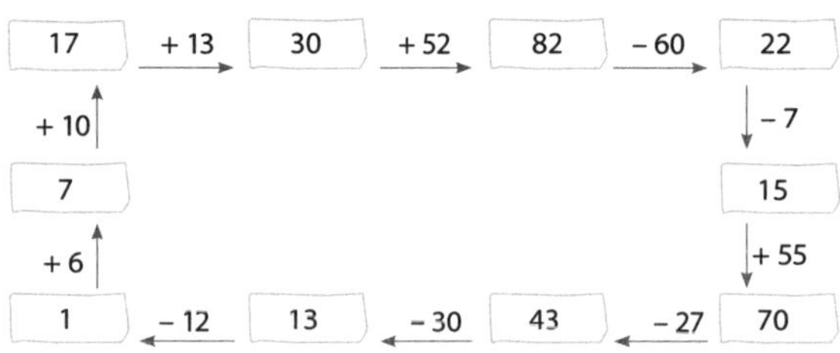

6.

Niklas sitzt auf Platz 35. Florian sitzt auf Platz 39.

Seite 8

1.

9 + 60 = 69
60 + 9 = 69

7 + 35 = 42
35 + 7 = 42

30 + 69 = 99
69 + 30 = 99

12 + 47 = 59
47 + 12 = 59

6 + 57 = 63
57 + 6 = 63

14 + 54 = 68
54 + 14 = 68

2.

a) 49 – 8 = 41
41 + 8 = 49

43 – 18 = 25
25 + 18 = 43

35 + 18 = 53
53 – 18 = 35

97 – 39 = 58
39 + 58 = 97

b) 76 – 23 = 53
53 + 23 = 76

41 – 18 = 23
23 + 18 = 41

Seite 9

3.

31 + 19 = 50
31 + 20 = 51

54 + 28 = 82
54 + 26 = 80

22 + 19 = 41
22 + 20 = 42

90 – 29 = 61
90 – 30 = 60

67 – 38 = 29
67 – 40 = 27

84 – 48 = 36
84 – 50 = 34

4.

a) 58 + 7 = 65
8 + 7 = 15

47 + 8 = 55
7 + 8 = 15

16 – 9 = 7
76 – 9 = 67

b) 34 + 7 = 41
4 + 7 = 11

56 – 24 = 32
26 – 24 = 2

5.

17 + 54 = 71
17 + 4 = 21

44 – 19 = 25
44 – 20 = 24

23 + … = … individuelle Lösung

Seite 10

1.

2 + 2 + 2 + 2 = 8
4 + 4 = 8
4 • 2 = 8
2 • 4 = 8

4 + 4 + 4 + 4 + 4 = 20
5 + 5 + 5 + 5 = 20
4 • 5 = 20
5 • 4 = 20

2.

4 • 5 = 20 3 • 8 = 24 9 • 4 = 36
5 • 4 = 20 8 • 3 = 24 4 • 9 = 36

8 • 7 = 56 10 • 0 = 0 6 • 8 = 48
7 • 8 = 56 0 • 10 = 0 8 • 6 = 48

3.

R: 3 • 5 = 15 A: Julian hat 15 Punkte.

Seite 11

4.

•	1	2	3	4	5	6	7	8	9	10
4	4	8	12	16	20	24	28	32	36	40
8	8	16	24	32	40	48	56	64	72	80
6	6	12	18	24	30	36	42	48	54	60
3	3	6	9	12	15	18	21	24	27	30

5.

1 • 1 = 1 2 • 2 = 4 3 • 3 = 9
4 • 4 = 16 5 • 5 = 25 6 • 6 = 36
7 • 7 = 49 8 • 8 = 64 9 • 9 = 81
10 • 10 = 100

6.

Einmaleins der 7

Seite 12

1.

R: 15 : 3 = 5
A: Jeder bekommt 5 Karten.

2.

a) 15 : 3 = 5
15 : 5 = 3

b) 4 : 2 = 2
4 : 2 = 2

3.

20 : 4 = 5 21 : 7 = 3 36 : 6 = 6
5 • 4 = 20 3 • 7 = 21 6 • 6 = 36

5 • 6 = 30 9 • 3 = 27 8 • 4 = 32
30 : 6 = 5 27 : 3 = 9 32 : 4 = 8

Seite 13

4.

R: 10 : 3 = 3 R 1
A: Jeder muss 3 Ballons aufpusten.

5.

3 R 1 9 R 2 7 R 4
1 R 3 5 R 2 9 R 2

6.

Rest 1: 16 : 5, 19 : 9, 37 : 6, 19 : 3
Rest 2: 32 : 10, 50 : 8, 29 : 3, 37 : 5
Rest 3: 52 : 7, 66 : 9, 48 : 5

7.

3 9 7 R 1
8 R 2 6 R 4 4 R 4
7 8 R 8 0

Seite 14 – Bist du fit?

Für jedes richtige Ergebnis bekommst du einen Punkt.

1.

a) 9, 18, 27, 36, 45, 54, 63, 72, 81, 90

b) 6, 12, 18, 24, 30, 36, 42, 48, 54, 60

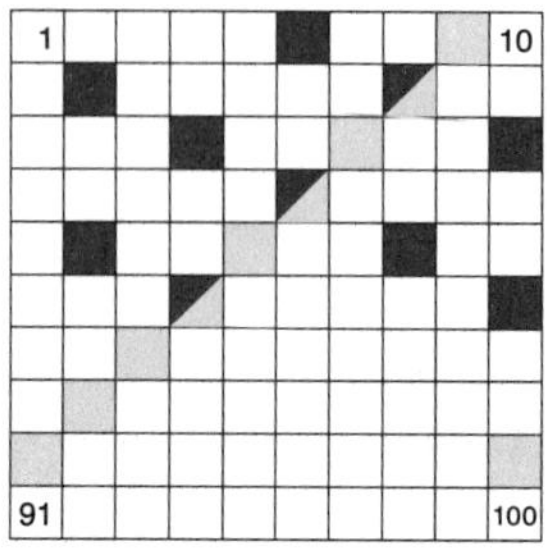

2.

a) 90 – 29 = 61
90 – 30 = 60
Nachbaraufgabe

8 + 63 = 71
63 + 8 = 71
Tauschaufgabe

42 – 18 = 24
42 – 8 = 34
Analogieaufgabe

b) 57 + 7 = 64
7 + 7 = 14
Analogieaufgabe

76 – 9 = 67
76 – 10 = 66
Nachbaraufgabe

32 + 29 = 61
32 + 30 = 62
Nachbaraufgabe

3.

a)

•	3	6	9	8
7	21	42	63	56
4	12	24	36	32

b)

•	5	10	7	3
6	30	60	42	18
8	40	80	56	24

Seite 15

4.

4 • 5 = 20
20 : 5 = 4

35 : 7 = 5
5 • 7 = 35

3 • 8 = 24
24 : 8 = 3

5.

6 R 4
4 R 4

8 R 1
7 R 1

4 R 2
7 R 1

6.

•	:	+
–	•	–
+	+	:

7.

F: Wie viele Kaugummis bekommt jeder?
R: 13 : 3 = 4 Rest 1
A: Jeder bekommt 4 Kaugummis.
1 Kaugummistreifen bleibt übrig.

8.

8 • 4 = 32 (bunte Felder)
4 • 3 = 12 (weiße Felder kurze Seiten)
4 • 1 = 4 (weiße Felder Mitte)
8 • 3 = 24 (weiße Felder lange Seiten)
32 + 12 + 4 + 24 = 44 + 28 = 72
72 Felder hat das Spiel.

Auswertung

Von insgesamt **62 Punkten**
hast du ______ Punkte erreicht.

Super!	In Ordnung!	Bitte noch einmal üben!
62 bis 50 Punkte	49 bis 31 Punkte	Bis zu 30 Punkten

Seite 16 – Kapitel 2

1.

Zahl	Stellenwerttafel	bildliche Darstellung
163	H Z E 1 6 3	□ IIIII I •••
225	H Z E 2 2 5	□□ II •••••
422	H Z E 4 2 2	□□□□ II ••
208	H Z E 2 0 8	□□ ••••••••

2.

354 901
723 230
888 1 000

Seite 17

3.

201	202	203
211	212	213
221	222	
231	232	
241		

	958		
	968		
	978		
987	988	989	
997	998	999	1000

757	758	759	760
	768	769	770
	778		780
			790
			800

4.

grün: 301, 302, 303, 313, 323, 333, 343, 344, 345, 356, 367, 378, 389, 400

blau: 317, 316, 326, 325, 335, 336, 346, 347, 348, 349, 339, 340, 330, 329, 319, 318

Seite 18

1.

a) 420, 455, 480
b) 100, 400, 650, 900

2.

A = 40 B = 160 C = 250
D = 330 E = 580 F = 620
G = 770 H = 850

3.

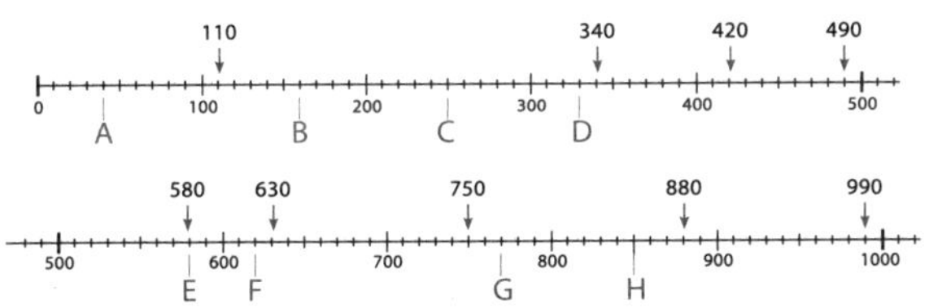

Seite 19

4.

a)

N	Zahl	N
294	295	296
820	821	822
29	30	31

b)

NZ	Zahl	NZ
470	478	480
50	57	60
590	600	610

c)

NH	Zahl	NH
200	205	300
600	682	700
900	995	1000

5.

a) 700 b) 370

6.

740, 760, 780, 800, 820
613, 608, 603, 598

7.

91, 102, 201, 210, 583, 899, 989, 998, 1 000

8.

235 < 325 611 > 161 450 > 405
702 < 720 857 > 758 503 < 530

Seite 20

1.

240, 90, 660, 730

2.

800, 1 000, 100, 400

3.

a) 20 € b) 70 € c) 30 €
d) 10 € e) 10 € f) 260 €

Seite 21

4.

627 ≈ 630 ≈ 600
79 ≈ 80 ≈ 100
460 ≈ 460 ≈ 500
88 ≈ 90 ≈ 100

355 ≈ 360 ≈ 400
208 ≈ 210 ≈ 200
632 ≈ 630 ≈ 600
31 ≈ 30 ≈ 0

5.

a) falsche Ergebnisse:

912 ≈ 910 445 ≈ 450

291 ≈ 290 301 ≈ 300 990 ≈ 990

b) falsche Ergebnisse:

149 ≈ 100 454 ≈ 500

291 ≈ 300 550 ≈ 600

6.

a) ≈ 100 m b) ≈ 200 m c) ≈ 400 m

Seite 22 - Bist du fit?

Für jedes richtige Ergebnis bekommst du einen Punkt.

1.

123	67
503	700
9	370

2.

327	167
830	705
502	251

3.

405		
415		417
425	426	427
435	436	
	446	

311	312	
	322	
	332	333
	342	
351		

854		856
	865	
874	875	876
	885	
894	895	896

4.

222	322	422	522	622

512	502	492	482

Seite 23

5.

a)

N	Zahl	N
450	451	452
998	999	1000
599	600	601

b)

NZ	Zahl	NZ
330	333	340
780	785	790
400	402	410

c)

NH	Zahl	NH
600	653	700
0	51	100
800	805	900

6.

15, 51, 305, 350, 503, 530, 989, 991, 998

7.

< > < <

8.

a) ≈ 500 ≈ 650 ≈ 700

b) ≈ 600 ≈ 300 ≈ 1 000

Auswertung

Von insgesamt **74 Punkten**

hast du ______ Punkte erreicht.

Super!	In Ordnung!	Bitte noch einmal üben!
74 bis 60 Punkte	59 bis 37 Punkte	Bis zu 36 Punkten

Seite 24 – Kapitel 3

1.

10	7	9
100	70	90
1 000	700	900

2.

5	1	3
50	10	30
500	100	300

3.

F: Wie viel Gramm Hackfleisch fehlen David?

R: 1 000 g – 800 g = 200 g

A: David fehlen 200 g Hackfleisch.

Seite 25

4.

45	88	98
450	880	980

5.

41	37	11
410	370	110

6.

500 – 200 = 300   660 – 430 = 230
5 – 2 = 3   66 – 43 = 23

700 + 300 = 1 000   350 – 60 = 290
7 + 3 = 10   35 – 6 = 29

7.

a) R: 450 g + 300 g = 750 g
A: Die Tüte wird 750 g schwer.

b) R: 900 g – 750 g = 150 g
A: 150 g Nüsse könnten noch in die Tüte.

Seite 26

1.

32	19	28
32	19	28
32	19	28

2.

16	38	72
16	8	44
16	108	23

3.

Seite 27

4.

360 + 49 = 409   780 + 35 = 815
360 + 40 = 400   780 + 20 = 800
400 + 9 = 409   800 + 15 = 815

604 – 9 = 595   420 – 32 = 388
604 – 4 = 600   420 – 20 = 400
600 – 5 = 595   400 – 12 = 388

594 + 26 = 620   809 – 40 = 769
594 + 6 = 600   809 – 9 = 800
600 + 20 = 620   800 – 31 = 769

5.

200
103 | 97
60 | 43 | 54

482
259 | 223
51 | 208 | 15

6.

R: 500 g – 482 g = 18 g
A: 18 g fehlen noch auf der Waage.

Seite 28

1.

123 + 446 = 569   386 + 525 = 911
100 + 400 = 500   300 + 500 = 800
20 + 40 = 60   80 + 20 = 100
3 + 6 = 9   6 + 5 = 11

2.

a) 276 + 517 = 793   864 + 98 = 962
200 + 500 = 700   800 + 0 = 800
70 + 10 = 80   60 + 90 = 150
6 + 7 = 13   4 + 8 = 12

b) 347 + 291 = 638   405 + 199 = 604
300 + 200 = 500   400 + 100 = 500
40 + 90 = 130   0 + 90 = 90
7 + 1 = 8   5 + 9 = 14

Seite 29

3.

R: 457 g + 75 g = 532 g
450 g + 70 g = 520 g
7 g + 5 g = 12 g

A: Die Waage zeigt danach 532 g an.

4.

364 + 57 = 421
364 + 50 = 414
414 + 7 = 421

572 + 48 = 620
570 + 50 = 620

5.

36 + 562 = 598
562 + 36 = 598

120 + 372 = 492
372 + 120 = 492

6.

−2: 255 + 77 = 332 → 253 + 77 = 330; +2

+2: 688 + 34 = 722 → 690 + 34 = 724; −2

Seite 30

1.

657 − 49 = 608
657 − 9 = 648
648 − 40 = 608

935 − 742 = 193
935 − 2 = 933
933 − 40 = 893
893 − 700 = 193

2.

a) 463 − 78 = 385
463 − 8 = 455
455 − 70 = 385

826 − 317 = 509
826 − 7 = 819
819 − 10 = 809
809 − 300 = 509

b) 905 − 324 = 581
905 − 4 = 901
901 − 20 = 881
881 − 300 = 581

573 − 408 = 165
573 − 8 = 565
565 − 400 = 165

Seite 31

3.

R: 850 g − 125 g = 725 g

A: 725 g Marmelade sind noch im Topf.

4.

728 − 39 = 689
728 − 9 = 719
719 − 30 = 689

654 − 384 = 270
654 − 300 = 354
354 − 80 = 274
274 − 4 = 270

5.

+5: 274 − 89 = 185 → 279 − 89 = 190; −5

−3: 533 − 148 = 385 → 530 − 148 = 382; +3

6.

345 − 91 = 254
−1 ↓ ↓ −1
344 − 90 = 254

521 − 73 = 448
−1 ↓ ↓ −1
520 − 72 = 448

Seite 32

1.

243 + 192 ≈ 400
200 + 200 = 400

219 + 783 ≈ 1 000
200 + 800 = 1 000

489 − 390 ≈ 100
500 − 400 = 100

2.

898 < 990 | 441 < 500
612 > 600 | 561 < 600
333 > 300 | 128 > 100

3.

orange: 327 – 153
grün: 134 + 76, 749 – 497
blau: 666 – 269, 159 + 150, 976 – 598

Seite 33

4.

125 + 367 ≈ 500 | 518 – 279 ≈ 200
100 + 400 = 500 | 500 – 300 = 200

125 + 367 = 492 | 518 – 279 = 239
100 + 300 = 400 | 518 – 9 = 509
20 + 60 = 80 | 509 – 70 = 439
5 + 7 = 12 | 439 – 200 = 239

5.

Ü: 100 + 200 + 100 + 100 = 500
R: 145 € + 55 € = 200 €
217 € + 63 € = 280 €
280 € + 200 € = 480 €
A: Die Nüsse kosten 480 €.

Seite 34 - Bist du fit?

Für jedes richtige Ergebnis bekommst du einen Punkt.

1.

390 | 270 | 260

2.

700 – 300 = 400 | 430 + 220 = 650
7 – 3 = 4 | 43 + 22 = 65
860 – 540 = 320
86 – 54 = 32

3.

45 | 23 | 42
45 | 23 | 42
45 | 23 | 42

4.

1 000
500 | 500
250 | 250 | 250

823
400 | 423
17 | 383 | 40

865
500 | 365
199 | 301 | 64

5.

753 + 79 = 832 | 443 + 263 = 706
700 + 0 = 700 | 400 + 200 = 600
50 + 70 = 120 | 40 + 60 = 100
3 + 9 = 12 | 3 + 3 = 6

Seite 35

6.

124 – 57 = 67 | 998 – 409 = 589
124 – 7 = 117 | 998 – 9 = 989
117 – 50 = 67 | 989 – 400 = 589

7.

436 – 78 = 358 | 283 + 57 = 340
436 – 70 = 366 | 280 + 50 = 330
366 – 8 = 358 | 3 + 7 = 10

617 + 28 = 645 ist richtig

8.

> | < | >

9.

Ü: 50 € + 200 € + 700 € = 950 €
R: 686 € + 54 € = 740 €
740 € + 234 € = 974 €

Ü: 200 ct + 50 ct + 400 ct = 650 ct = 6,50 €
R: 1,99 € + 0,50 € = 2,49 €
2,49 € + 4,20 € = 6,69 €

10.

? – 333 = 408
408 + 333 = 741

Auswertung

Von insgesamt **43 Punkten**
hast du ______ Punkte erreicht.

Super!	In Ordnung!	Bitte noch einmal üben!
43 bis 34 Punkte	33 bis 22 Punkte	Bis zu 21 Punkten

Seite 36 – Kapitel 4

1.

a)

	H	Z	E
	□□	||||	•••
+	□□	|||	•••••
	□□□□	||||| ||	••••••••

	H	Z	E
	2	4	3
+	2	3	5
	4	7	8

b)

	H	Z	E
	□□□□□		••••
+		||||| ||	•••••
	□□□□□	||||| ||	•••••••••

	H	Z	E
	5	0	4
+		7	5
	5	7	9

c)

	H	Z	E
	□	||||| ||	•••••••
+	□□□□	||	•
	□□□□□	||||| ||||	••••••••

	H	Z	E
	1	7	7
+	4	2	1
	5	9	8

Seite 37

2.

Ü: 500 + 200 = 700
543
+ 215
758

Ü: 200 + 800 = 1 000
172
+ 806
978

3.

184 + 215 = 399
Ü: 200 + 200 = 400

93 + 701 = 794
Ü: 100 + 700 = 800

340 + 506 = 846
Ü: 300 + 500 = 800

4.

Ü: 300 + 100 = 400
R: 345
+ 124
469

A: Das Geld reicht.

Seite 38

1.

	H	Z	E
	□□□□□ □	||||| ||	••
+	□	|||||	•••••••••
	□□□□□ □□□	|||	•

	H	Z	E
	6	7	2
+	1	5 [1]	9 [1]
	8	3	1

2.

Ü: 0 + 200 = 200
45
+ 239
1
284

Ü: 400 + 600 = 1 000
358
+ 561
1
919

Ü: 500 + 0 = 500
489
+ 21
11
510

Seite 39

3.

519 700 912 212

4.

$$\begin{array}{r}128\\+821\\\hline 949\end{array}\quad\begin{array}{r}266\\+662\\\hline 928\end{array}\quad\begin{array}{r}355\\+553\\\hline 908\end{array}$$

5.

$$\begin{array}{r}436\\+253\\\hline 689\end{array}\quad\begin{array}{r}524\\+372\\\hline 896\end{array}\quad\begin{array}{r}29\\+821\\\hline 850\end{array}\quad\begin{array}{r}715\\+107\\\hline 822\end{array}$$

6.

Ü: 100 + 300 = 400

R: $\begin{array}{r}125\\+317\\\hline 442\end{array}$

A: 442 € hat Lena gespart.

Seite 40

1.

Ü: 700 – 400 = 300 $\begin{array}{r}684\\-432\\\hline 252\end{array}$

Ü: 900 – 700 = 200 $\begin{array}{r}873\\-713\\\hline 160\end{array}$

Ü: 600 – 200 = 400 $\begin{array}{r}555\\-202\\\hline 353\end{array}$

2.

224 130 614 2

Seite 41

3.

$$\begin{array}{r}595\\-422\\\hline 173\end{array}\quad\begin{array}{r}749\\-338\\\hline 411\end{array}\quad\begin{array}{r}996\\-663\\\hline 333\end{array}\quad\begin{array}{r}789\\-555\\\hline 234\end{array}$$

4.

$$\begin{array}{r}867\\-534\\\hline 333\end{array}\quad\begin{array}{r}985\\-382\\\hline 603\end{array}\quad\begin{array}{r}573\\-402\\\hline 171\end{array}$$

5.

a) $\begin{array}{r}145\text{ €}\\-\ 79\text{ €}\\\hline 66\text{ €}\end{array}$ b) $\begin{array}{r}145\text{ €}\\-\ 12\text{ €}\\\hline 133\text{ €}\end{array}$

c) $\begin{array}{r}145\text{ €}\\-\ 91\text{ €}\\\hline 54\text{ €}\end{array}$ d) $\begin{array}{r}145\text{ €}\\-\ 50\text{ €}\\\hline 95\text{ €}\end{array}$

Seite 42

1.

Ü: 500 – 300 = 200 $\begin{array}{r}513\\-342\\\hline 171\end{array}$

Ü: 900 – 500 = 400 $\begin{array}{r}870\\-456\\\hline 414\end{array}$

Ü: 600 – 300 = 300 $\begin{array}{r}641\\-283\\\hline 358\end{array}$

Seite 43

2.

R: $\begin{array}{r}230\\-145\\{\scriptstyle 11}\\\hline 85\end{array}$

A: 85 € bleiben übrig.

3.

403 190 268 365

4.

373	547	414	930
– 332	– 312	– 84	– 666
41	235	330	264

5.

R: 384 – 139 = 245

A: 245 Fotos haben noch Platz im Album.

Seite 44

1.

51	500	206	373
+ 789	– 403	+ 89	– 337
840	97	295	36

2.

608	10
+ 299	– 478
907	– 369

Diese Minusaufgabe ist nicht möglich.

Seite 45

3.

a) falsch gerechnet
b) Übertrag falsch
c) + und – verwechselt
d) falsch getauscht

4.

a) Das Ergebnis ist immer 912.

456	567
+ 456	+ 345
912	912

A: Es werden immer oben 111 mehr, unten 111 weniger. So bleibt das Ergebnis gleich.

b)

987	876	765	654
– 234	– 345	– 456	– 567
753	531	309	87

A: Oben wird jede Ziffer jeweils um 1 kleiner. Unten wird jede Ziffer jeweils um 1 größer.

5.

	Kommode	Tisch
alter Preis	260 €	215 €
neuer Preis	205 €	129 €
Ersparnis	55 €	86 €

Seite 46

1.

Ü: 4,00 € + 1,00 € = 5,00 €

3,95 € + 1,25 € = 5,20 €

Ü: 9,00 € – 4,00 € = 5,00 €

8,69 € – 3,70 € = 4,99 €

Ü: 7,00 € – 1,00 € = 6,00 €

6,66 € – 0,99 € = 5,67 €

2.

1,85 € + 7,07 € ——— 2 € + 7 €
1,58 € + 7,70 € ——— 2 € + 8 €
1,28 € + 7,77 € ——— 1 € + 8 €

3.

Ü: 3 + 3 + 5 = 11

R: 3,11 € + 2,59 € + 5,20 € = 10,90 €

A: 10,90 € kostet es zusammen.

Seite 47

4.

1,49 €
+ 1,19 €
+ 0,79 €
3,47 €

A: Ja, Lottas Geld reicht.

3,47 €
+ 1,99 €
5,46 €

A: Nein, das Geld reicht nicht.

5.

7,49 € richtig 6,55 € 7,53 €

Seite 48 - Bist du fit?

Für jedes richtige Ergebnis bekommst du einen Punkt.

1.

a) Ü: 400 + 300 = 700 E: 778
Ü: 300 + 700 = 1000 E: 979
Ü: 0 + 400 = 400 E: 387

b) Ü: 800 + 100 = 900 E: 896
Ü: 300 + 500 = 800 E: 773
Ü: 600 + 100 = 700 E: 650

2.

a) Ü: 1 000 – 400 = 600 E: 580
Ü: 900 – 700 = 200 E: 110
Ü: 400 – 100 = 300 E: 311

b) Ü: 800 – 100 = 700 E: 679
Ü: 800 – 400 = 400 E: 475
Ü: 400 – 200 = 200 E: 258

3.

Ü: 200 + 400 = 600 E: 584
Ü: 400 + 100 = 500 E: 540
Ü: 900 – 600 = 300 E: 333

Seite 49

4.

758	975	349	103
+ 242	– 371	+ 516	+ 258
1000	604	865	361

5.

Ü: 200 € + 30 € + 20 € = 250 €

R: 248 €
+ 27 €
+ 19 €
294 €

A: Das Geld reicht.

6.

2,45 €	0,99 €
+ 3,45 €	+ 6,99 €
5,90 €	7,98 €

7.

968	463
– 660	+ 78
308	541

Auswertung

Von insgesamt **46 Punkten**
hast du ______ Punkte erreicht.

Super!	In Ordnung!	Bitte noch einmal üben!
46 bis 37 Punkte	36 bis 23 Punkte	Bis zu 22 Punkten

Seite 50 – Kapitel 5

1.

9	8	10
90	80	100
900	800	1 000

2.

15	56	24
150	560	240

3.

8	9	6
800	900	600

Seite 51

4.

4 • 8 = 32 3 • 3 = 9 9 • 7 = 63

4 • 80 = 320 30 • 30 = 900 9 • 70 = 630

5.

•	50	20	70
9	450	180	630
4	200	80	280
6	300	120	420

•	4	9	8
70	280	630	560
30	120	270	240
80	320	720	640

6.

R: 9 • 20 = 180

205 – 180 = 25

A: Nein, es fehlen 25 Sitzplätze.

7.

R: 6 • 20 = 120 A: Sie besetzen 120 Plätze.

Seite 52

1.

a) 6 5 7

6 5 7

b) 5 6 9

5 6 9

2.

a) 280 : 70 = 4 320 : 40 = 8

28 : 7 = 4 32 : 4 = 8

800 : 80 = 10 b) 240 : 60 = 4

80 : 8 = 10 24 : 6 = 4

450 : 50 = 9 720 : 90 = 8

45 : 5 = 9 72 : 9 = 8

Seite 53

3.

R: 600 : 30 = 20

A: Es gibt 20 Reihen.

4.

400	200	500
40	20	50
4	2	5

5.

70	100	10
7	300	100

6.

900 : 300 = 3 720 : 9 = 80

Seite 54

1.

<u>8 • 112 = 896</u>

8 • 100 = 800

8 • 10 = 80

8 • 2 = 16

800 + 80 + 16 = 896

<u>4 • 207 = 828</u>

4 • 200 = 800

4 • 7 = 28

800 + 28 = 828

2.

<u>6 • 28 = 168</u>

6 • 20 = 120

6 • 8 = 48

120 + 48 = 168

<u>5 • 54 = 270</u>

5 • 50 = 250

5 • 4 = 20

250 + 20 = 270

Seite 55

3.

46 • 3 = 138	17 • 9 = 153
40 • 3 = 120	10 • 9 = 90
6 • 3 = 18	7 • 9 = 63
120 + 18 = 138	90 + 63 = 153

4.

7 • 123 = 861	3 • 286 = 858
7 • 100 = 700	3 • 200 = 600
7 • 20 = 140	3 • 80 = 240
7 • 3 = 21	3 • 6 = 18
700 + 140 + 21 = 861	600 + 240 + 18 = 858

5.

2 • 3 = 6	6 • 4 = 24	24 • 5 = 120
8 • 5 = 40	40 • 4 = 160	160 • 3 = 480

6.

R: 5 • 130 = 650

A: 650 Zuschauer waren im Kinderzirkus.

Seite 56

1.

896 : 8 = 112	276 : 6 = 46
800 : 8 = 100	240 : 6 = 40
80 : 8 = 10	36 : 6 = 6
16 : 8 = 2	40 + 6 = 46
100 + 10 + 2 = 112	

2.

72 : 4 = 18	95 : 5 = 19
40 : 4 = 10	50 : 5 = 10
32 : 4 = 8	45 : 5 = 9
10 + 8 = 18	10 + 9 = 19

Seite 57

3.

210 : 6 = 35	168 : 6 = 28
180 : 6 = 30	120 : 6 = 20
30 : 6 = 5	48 : 6 = 8
30 + 5 = 35	20 + 8 = 28

4.

690 : 5 = 138	724 : 4 = 181
500 : 5 = 100	400 : 4 = 100
150 : 5 = 30	320 : 4 = 80
40 : 5 = 8	4 : 4 = 1
100 + 30 + 8 = 138	100 + 80 + 1 = 181

5.

162 : 3 = 54	96 : 6 = 16
150 : 3 = 50	60 : 6 = 10
12 : 3 = 4	36 : 6 = 6

6.

R: 342 : 3 = 114
300 : 3 = 100
30 : 3 = 10
12 : 3 = 4
100 + 10 + 4 = 114

A: 114 Karten wurden verkauft.

Seite 58

1.

367 : 5 = 73 R2	523 : 3 = 174 R1
300 : 5 = 60	300 : 3 = 100
50 : 5 = 10	210 : 3 = 70
17 : 5 = 3 R2	13 : 3 = 4 R1
60 + 10 + 3 + R2	100 + 70 + 4 + R1

2.

218 : 6 = 36 R2	349 : 8 = 43 R5
180 : 6 = 30	320 : 8 = 40
38 : 6 = 6 R2	29 : 8 = 3 R5
30 + 6 + R2	40 + 3 + R5

730 : 4 = 182 R2
400 : 4 = 100
320 : 4 = 80
10 : 4 = 2 R2
100 + 80 + 2 + R2

Seite 59

3.

193 : 6 = 32 R1
180 : 6 = 30
13 : 6 = 2 R1

685 : 5 = 137
500 : 5 = 100
150 : 5 = 30
35 : 5 = 7

324 : 8 = 40 R4
320 : 8 = 40
4 : 8 = 0 R4

721 : 7 = 103
700 : 7 = 100
21 : 7 = 3

4.

76 : 3 ——— 25 Rest 1
22 : 3 ——— 7 Rest 1
34 : 4 ——— 8 Rest 2
106 : 5 ——— 21 Rest 1

5.

F: Wie viele Stapel müssen weggeräumt werden?
R: 370 : 7 = 52 R6
350 : 7 = 50
20 : 7 = 2 R6
A: 52 Stapel mit 7 Stühlen und ein Stapel mit 6 Stühlen müssen weggeräumt werden.

Seite 60

1.

Ü: 200 • 3 = 600
R: 234 • 3 = 702
200 • 3 = 600
30 • 3 = 90
4 • 3 = 12
600 + 90 + 12 = 702

Ü: 70 • 9 = 630
R: 67 • 9 = 603
60 • 9 = 540
7 • 9 = 63
540 + 63 = 603

Ü: 6 • 50 = 300
R: 6 • 48 = 288
6 • 40 = 240
6 • 8 = 48
240 + 48 = 288

2.

Ü: 700 : 7 = 100
R: 735 : 7 = 105
700 : 7 = 100
35 : 7 = 5
100 + 5 = 105

Ü: 360 : 6 = 60
R: 354 : 6 = 59
300 : 6 = 50
54 : 6 = 9
50 + 9 = 59

Ü: 480 : 8 = 60
R: 504 : 8 = 63
480 : 8 = 60
24 : 8 = 3
60 + 3 = 63

3.

falsch: 30 • 29 = 290 und 325 • 3 = 675

Seite 61

4.

a) 228 : 4 = 50 + 7 = 57
P: 57 • 4 = 200 + 28 = 228

889 : 7 = 100 + 20 + 7 = 127
P: 127 • 7 = 700 + 140 + 49 = 889

b) 621 : 3 = 200 + 7 = 207
P: 207 • 3 = 600 + 21 = 621

963 : 9 = 100 + 7 = 107
P: 107 • 9 = 900 + 63 = 963

5.

a) 48 • 7 = 280 + 56 = 336
P: 336 : 7 = 40 + 8 = 48

34 • 9 = 270 + 36 = 306
P: 306 : 9 = 30 + 4 = 34

b) 39 • 8 = 240 + 72 = 312
P: 312 : 8 = 30 + 9 = 39

156 • 4 = 400 + 200 + 24 = 624
P: 624 : 4 = 100 + 50 + 6 = 156

6.

416 • 2 = 832 Peter sitzt auf Platz 416. Es gibt doppelt so viele Plätze.

416 : 8 = 52 416 Karten liegen jeweils in 8-er Stapeln an der Kasse bereit.

416 : 2 = 208 416 Kinder gehen je paarweise durch den Kinoeingang.

Seite 62

1.

von 20: 1, 2, 4, 5, 10, 20
von 17: 1, 17
von 21: 1, 3, 7, 21
von 36: 1, 2, 3, 4, 6, 9, 12, 18, 36

2.

von 40: 40, 80, 120, 160, 200
von 9: 9, 18, 27, 36, 45
von 100: 100, 200, 300, 400, 500
von 15: 15, 30, 45, 60, 75

3.

891 297 99 33 11
Regel: immer durch 3 teilen

625 125 25 5 1
Regel: immer durch 5 teilen

Seite 63

4.

68
136
272
544
1 088

Die Ergebnisse verdoppeln sich.

5.

2 16 32 128 64

18 72 144 24 192

6.

Teiler von 48: 1, 6, 12, 16, 24
Vielfachen von 8: 8, 48, 64
Bei der Glücklotterie sind die Chancen größer.

Seite 64 - Bist du fit?

Für jedes richtige Ergebnis bekommst du einen Punkt.

1.

350 480 90
800 180 80

2.

9 • 31 = 279
9 • 30 = 270
9 • 1 = 9

82 • 7 = 574
80 • 7 = 560
2 • 7 = 14

6 • 109 = 654
6 • 100 = 600
6 • 9 = 54

3.

96 : 3 = 32
90 : 3 = 30
6 : 3 = 2

592 : 8 = 74
560 : 8 = 70
32 : 8 = 4

964 : 4 = 241
960 : 4 = 240
4 : 4 = 1

4.

79 : 3 = 26 R1
60 : 3 = 20
19 : 3 = 6 R1

425 : 8 = 53 R1
400 : 8 = 50
25 : 8 = 3 R1

Seite 65

5.

a) Ü: 40 • 6 = 240 kann stimmen
Ü: 2 • 50 = 100 stimmt nicht
Ü: 560 : 8 = 70 kann stimmen

b) Ü: 720 : 3 = 240 stimmt nicht
Ü: 800 : 5 = 160 kann stimmen

6.

6 • 93 = 558 P: 558 : 6 = 93
840 : 20 = 42 P: 20 • 42 = 840

7.

Teiler von 42: 1, 2, 3, 6, 7, 14, 21, 42

8.

Vielfache von 8: 8, 16, 24, 32, 40, 48

9.

R: 402 : 6 = 67
A: Im Kino II waren mehr Besucher.

Auswertung
Von insgesamt **39 Punkten**
hast du ______ Punkte erreicht.

Super!	In Ordnung!	Bitte noch einmal üben!
39 bis 31 Punkte	30 bis 20 Punkte	Bis zu 19 Punkten

Seite 66 – Kapitel 6

1.

7 € + 2,30 € + 0,70 € = 10,00 €
100 € – 60 € + 8 € = 48,00 €
4,10 € – 2,00 € = 2,10 €
0,50 € + 3,80 € = 4,30 €

2.

Platz 1: Sparschwein 3
Platz 2: Sparschwein 1
Platz 3: Sparschwein 4

Seite 67

3.

F: Wie teuer sind die Karten insgesamt?
R: 10 • 12 € = 120 €
A: 120 € kosten die Karten insgesamt.

4.

F: Wie viel € bekommt der Zweite?
R: 50 € : 2 = 25 €
A: 25 € erhält der Zweite.

5.

R: 26,71 € + 15,00 € = 41,71 €
A: Saskia kann die Schuhe in orange oder in lila oder in braun kaufen.

Seite 68

1.

30 cm 8 m
5 cm 600 m

2.

1,25 m, 3,25 m, 10 m, 20 m, 100 m, 400 m

Seite 69

3.

3 m + 20 m + 45 m = 68 m
416 cm + 22 cm + 3 cm = 441 cm = 4,41 m
4 000 km + 1 km = 4 001 km

4.

R: 3,40 m + 0,25 m = 3,65 m
A: Linus ist 3,65 m weit gesprungen.

5.

F: Wie weit hat Oskar geworfen?
R: 27 m – 4 m = 23 m
A: Oskar hat 23 m weit geworfen.

6.

F: Wie weit muss Konrad noch laufen?
R: 1 000 m – 820 m = 180 m
A: Konrad muss noch 180 m weit laufen.

Seite 70

1.

1 t	300 g
1 kg	200 kg
7,8 kg	10 kg

2.

80 g + 200 g + 450 g = 730 g
500 kg – 100 kg + 60 kg = 460 kg
20 kg + 1 000 kg – 421 kg = 599 kg

3.

Fußball:	400 g
Federball:	5 g
Medizinball:	3 kg
Speer:	800 g
Schlagball:	80 g
Luftballon:	1 g

Seite 71

4.

R: 56 g • 4 = 224 g
A: 4 Tennisbälle wiegen 224 g.

5.

F: Wie schwer ist ein kleiner Schlagball?
R: 200 g – 120 g = 80 g
A: Ein kleiner Schlagball wiegt 80 g.

6.

R: 29,5 kg – 28 kg = 1,5 kg
A: Ball und Fußballkleidung wiegen 1,5 kg.

Seite 72

1.

500 ml	750 ml
250 ml	2 000 ml

2.

0,4 l	0,05 l
3,007 l	2,5 l

3.

Milchtüte:	1 l
Glas:	200 ml
Badewanne:	180 l
Eimer:	10 l
Löffel:	3 ml
Flasche:	750 ml

Seite 73

4.

F: Wie viel bekommt jeder?
R: 750 ml : 3 = 250 ml
A: Jeder bekommt 250 ml.

5.

R: 750 : 125 = 6

A: 6 Gläser können gefüllt werden.

6.

R: 180 l – 120 l = 60 l   60 l · 3 = 180 l

180 l · 3 = 540 l

540 l – 180 l = 360 l

A: Marlene hat 360 l Wasser gespart.

Seite 74

1.

480 h = 20 Tage

365 Tage = 12 Monate

15 min = 900 s

2.

Philipp, Felix, Niklas, Jan

Seite 75

3.

F: Wie lange braucht Max?

R: 2 min 46 s $\xrightarrow{+10\,s}$ 2 min 56 s

A: Max braucht 2 min 56 s.

4.

F: Wann beginnt das Training für die Älteren?

R: 16:30 Uhr $\xrightarrow{+2\,h}$ 18:30 Uhr

A: Das Training für die Älteren beginnt um 18:30 Uhr.

Seite 76 - Bist du fit?

Für jedes richtige Ergebnis bekommst du einen Punkt.

1.

Zeitangaben (rot): 30 Tage, 4 Wochen, 3 h, 9 min, 540 s

Geldbeträge (blau): 375 ct, 3,75 €

Längen (grün): 300 cm, 0,03 km, 30 m

Gewichte (gelb): 0,5 kg, 500 g

Hohlmaße (lila): $\frac{1}{4}$ l, 250 ml

2.

a) 500 m + 2 m + 30 m = 532 m

280 cm + 30 cm – 50 cm = 260 cm = 2,6 m

b) 400 g + 350 g + 250 g = 1 000 g = 1 kg

1 000 kg – 30 kg – 90 kg = 880 kg

c) 430 € – 60 € + 7 € = 377 €

25 ct + 409 ct + 200 ct = 634 ct = 6,34 €

3.

250 ml   500 ml   4 250 ml

4.

1 Monat = 30 Tage

4 min = 240 s

96 Stunden = 4 Tage

$\frac{1}{4}$ Stunde = 15 min

Seite 77

5.

F: Beispiel: Wie schwer ist Sarah mit ihrer Sportbekleidung?

R: 24 kg + 2 kg = 26 kg

A: Mit Sportkleidung wiegt Sarah 26 kg.

6.

F: Wie viel Mineralwasser bekommt jeder?

R: 1 000 ml : 4 = 250 ml

A: Jeder bekommt 250 ml.

7.

F: Wann beginnt das Volleyballspiel?

R: 13:30 Uhr $\xrightarrow{+2\,h}$ 15:30 Uhr

15:30 Uhr $\xrightarrow{+10\,min}$ 15:40 Uhr

A: Das Volleyballspiel beginnt um 15:40 Uhr.

Auswertung

Von insgesamt **36 Punkten**

hast du ______ Punkte erreicht.

Super!	In Ordnung!	Bitte noch einmal üben!
36 bis 29 Punkte	28 bis 18 Punkte	Bis zu 17 Punkten

Seite 79 – Kapitel 7

1.

1. Schritt: 3 Gläser Marmelade, 2 l Milch, 250 g Butter
2. Schritt: Wie teuer wird der Einkauf?
3. Schritt: 3 • 2,10 € (Marmelade), 2 • 0,90 € (Milch), 1 • 1,30 € (Butter)

Rechne:

3 • 210 ct = 630 ct   6,30 €

2 •   90 ct = 180 ct   + 1,80 €

+ 1,30 €

9,40 €

4. Schritt: Der Einkauf kostet 9,40 €.

Seite 80

1. (3 Rechnungen bleiben übrig.)

Was kostet 1 Stück Kuchen?

16 € : 16 = 1 €

Ein Stück Kuchen kostet 1 €.

Wie viele Kuchenstücke hatten sie insgesamt?

5 • 2 + 3 • 2 = 16

Sie hatten insgesamt 16 Stücke Kuchen.

Wann ist Lotta eingeschlafen?

21:00 $\xrightarrow{-2\,h}$ 19:00

Lotta ist um 19:00 Uhr eingeschlafen.

Wann kommt Familie Kast an?

13:00 $\xrightarrow{+2\,h}$ 15:00

Familie Kast kommt um 15:00 Uhr an.

Wie groß ist der Altersunterschied zwischen Lotta und Carolin?

8 – 2 = 6

Der Altersunterschied beträgt 6 Jahre.

Wie lange konnten alle Kinder zusammen spielen?

15:00 $\xrightarrow{+4\,h}$ 19:00

Alle Kinder konnten 4 Stunden zusammen spielen.

Seite 81

2.

1. Schritt: 150 Zehnerpackungen, 34 übrig
2. Schritt: Wie viele Zehnerpackungen wurden verkauft?
3. Schritt: 150 – 34 = 116
4. Schritt: 116 Zehnerpackungen wurden verkauft.

3.

1. 5 Ziegen, 35 Liter Ziegenmilch
2. Wie viel Liter Milch gibt 1 Ziege pro Woche?
3. 35 l : 5 = 7 l
4. 7 Liter Milch gibt 1 Ziege pro Woche.

Seite 82

1.

Skizze:

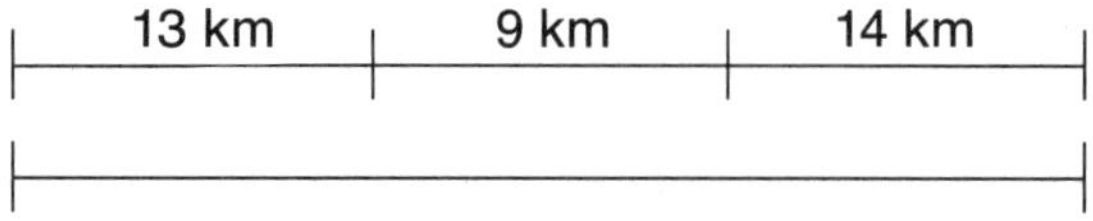

R: 13 km + 9 km + 14 km = 36 km

A: Die Strecke ist 36 km weit.

2.

Skizze:

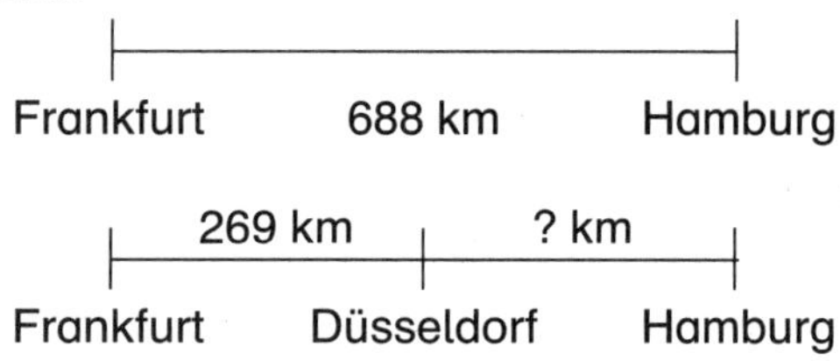

R: 688 km − 269 km = 419 km

A: Die Strecke von Düsseldorf nach Hamburg ist 419 km lang.

Seite 83

3.

F: Wie groß ist der Abstand zwischen den einzelnen Stellplätzen?

Skizze:

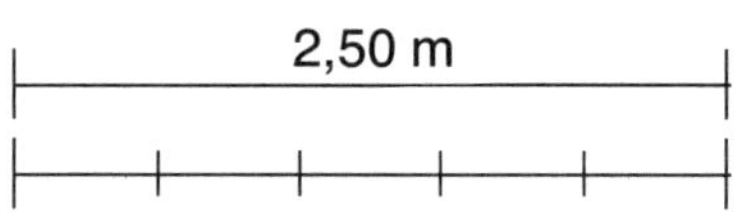

R: 250 cm : 5 = 50 cm

A: Der Abstand zwischen den Stellplätzen beträgt 50 cm.

4.

Skizze:

Mädchen 200 ml | Junge 600 ml : 2 | Mädchen 2 • 200 ml

R: 600 ml : 2 = 300 ml   200 ml • 2 = 400 ml

300 ml + 400 ml + 200 ml = 900 ml

1 000 ml − 900 ml = 100 ml

A 1: Die Kinder haben 200 ml, 300 ml und 400 ml getrunken.

A 2: 100 ml sind noch in der Flasche.

Seite 84

1.

07.08 —+ 16 Tage→ 23.08.

A: Familie Batke kann höchstens 16 Tage gemeinsam Urlaub machen.

2.

F: An welchem Datum ist Lukas zurückgekommen?

R: 04.05. —− 4 Tage→ 30.04.

30.04. —− 10 Tage→ 20.04.

A: Am 20. April ist Lukas zurückgekommen.

Seite 85

1.

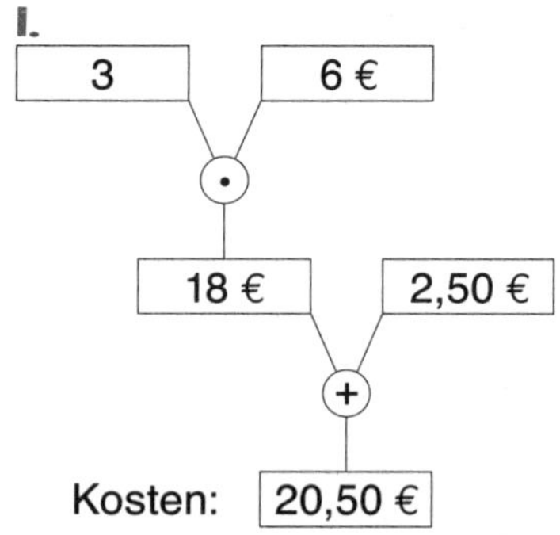

R: 3 • 6 € = 18 €   18 € + 2,50 € = 20,50 €

A: Der 20-€-Schein reicht nicht. Es fehlen 50 ct.

2.

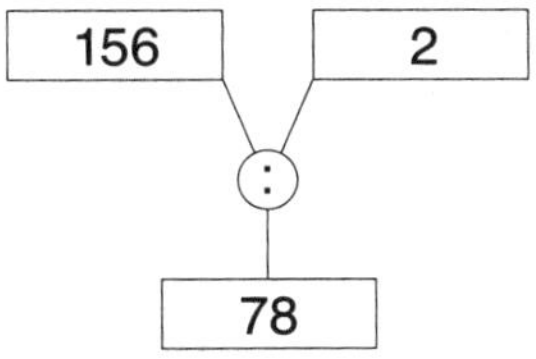

R: 156 : 2 = 78

A: 78 Exponate dürfen die Kinder anfassen.

Seite 86 - Bist du fit?

Für jedes richtige Ergebnis bekommst du einen Punkt.

1.

4 Hähne, 204 Legehennen, 53 Küken, 20 Gänse

F: Wie viele Geflügeltiere leben auf dem Hof?

R: 4 + 204 + 53 + 20 = 281

A: 281 Geflügeltiere leben auf dem Hof.

2.

R: 7 • 25 l = 175 l

A: Cindy benötigt pro Woche 175 l Wasser.

3.

Frage: Wie weit ist es von München bis Athen?

Skizze:

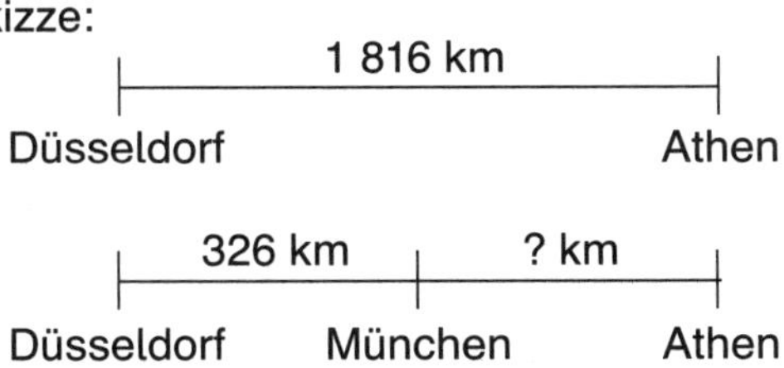

R: 1 816 km – 326 km = 1 490 km

A: Von München bis Athen sind es 1 490 km.

Seite 87

4.

Skizze:

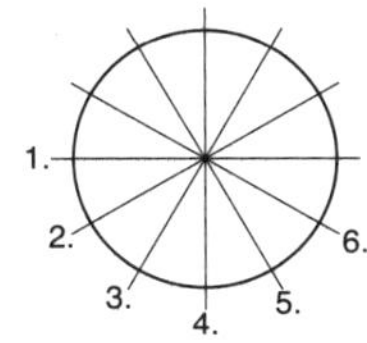

Es gibt 12 Stücke.

R: 12 – 4 = 8

A: 8 Tortenstücke bleiben übrig.

5.

F: Welches Datum ist heute?

Skizze/Rechnung:

27.12. $\xrightarrow{-21 \text{ Tage}}$ 6.12.

A: Heute ist der 6. Dezember.

6.

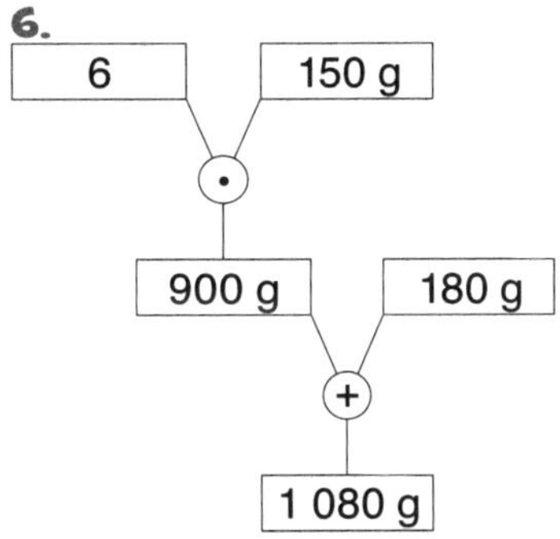

R: 6 • 150 g = 900 g

900 g + 180 g = 1 080 g

A: Die Büchersendung wird 1 080 g schwer.

Auswertung

Von insgesamt **19 Punkten** hast du ______ Punkte erreicht.

Super!	In Ordnung!	Bitte noch einmal üben!
19 bis 15 Punkte	14 bis 10 Punkte	Bis zu 9 Punkten

Seite 88 – Kapitel 8

1.

Antwort: Für die Mutter mit Baby ist die Jahreskarte am günstigsten (50 €). Für den Vater und das Patenkind sind die Tageskarten am günstigsten (6 € + 3 €).

Seite 89

1.

Anzahl	Esels-pinguine	Zwerg-pinguine	Kaiser-pinguine	gesamt
männlich	27	22	3	52
weiblich	25	17	3	45
gesamt	52	39	6	97

2.

richtig	falsch	?
X		
		X
X		
		X
	X	

Seite 90

1.

a) das Sonnenfreibad
b) das Turmbad
c) nein

Seite 91

2.

In den Monaten Juli, August und September.

3.

a) Die große Liegewiese gefällt den Besuchern am besten.
b) 37 + 3 + 23 + 3 + 18 + 16 = 40 + 26 + 34 = 100
100 Personen wurden befragt.

Seite 92

1.

	Ohren öffnen	Augen öffnen	erstes Gehen
Timo	9 Tage	10 Tage	21 Tage
Tina	6 Tage	10 Tage	22 Tage

Seite 93

2.

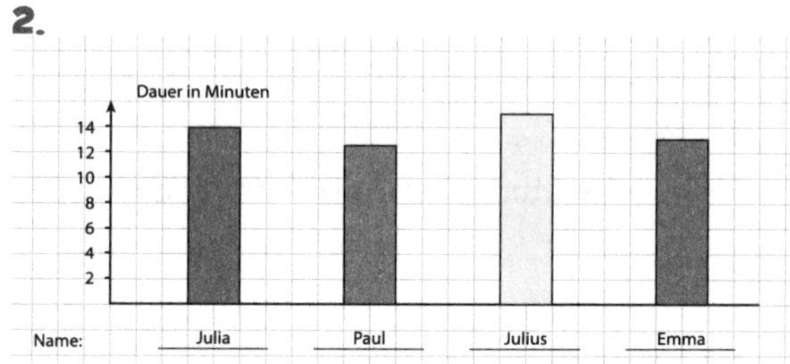

Seite 94 – Bist du fit?

Für jedes richtige Ergebnis bekommst du einen Punkt.

1. a)

Tierart \ Zeit	15 min	30 min	1 h	2 h
Kaiser-pinguin	2,5 km	5 km	10 km	20 km
Zwerg-pinguin	1,25 km	2,5 km	5 km	10 km
Adéli-pinguin	5 km	10 km	20 km	40 km
Galapagos-pinguin	10 km	20 km	40 km	80 km

b) Galapagospinguine können am schnellsten schwimmen.

Kaiserpinguine können in 4 Stunden 40 km weit schwimmen.

Wenn sie am gleichen Punkt starten, können sie 1,25 km zurücklegen.

Die Zwergpinguine schwimmen am langsamsten.

Seite 95

2. (Pro Tier 1 Punkt)

Tierart / Zeit	Pony	Pferd	Zebra	Esel
morgens	1 kg	4 kg	2 kg	1,5 kg
mittags	1 kg	3 kg	1,5 kg	1 kg
abends	1 kg	3 kg	1,5 kg	1,5 kg
gesamt	3 kg	10 kg	5 kg	4 kg

3.

a) Nele mit 32 Minuten

b) 45 min – 32 min = 13 Minuten

c) Max um 2 Minuten

Auswertung

Von insgesamt **25 Punkten**

hast du ______ Punkte erreicht.

Super!	In Ordnung!	Bitte noch einmal üben!
25 bis 20 Punkte	19 bis 13 Punkte	Bis zu 12 Punkten

Seite 96 – Kapitel 9

1.

2.

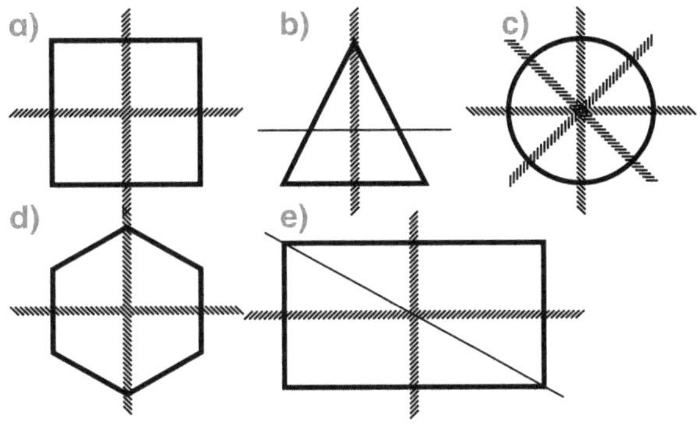

Seite 97

3.

UHU ~~HEXE~~ OTTO

4.

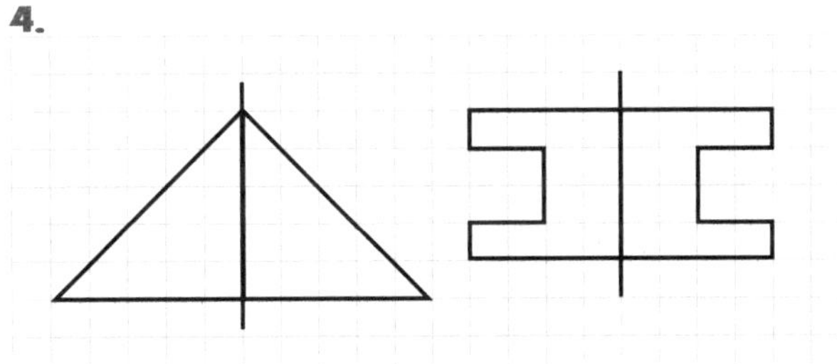

5.

6.

Seite 98

1.

2.

zum Beispiel:

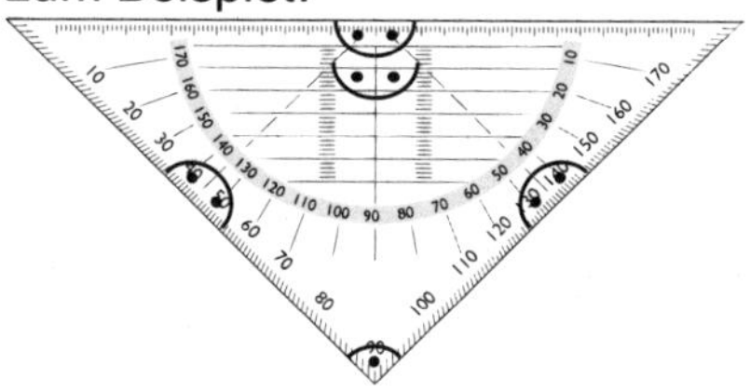

Seite 99

3.

4.

Figur c) hat den größten Umfang.

5.

a) Figur a) 6 Kästchen Figur b) 4 Kästchen
Figur c) 9 Kästchen

b) Figur 4 c)

Seite 100

1.

	Ecken	Kanten	Flächen
Würfel	8	12	6
Quader	8	12	6
Prisma	6	9	5
Pyramide	5	8	5
Kegel	1	1	2
Zylinder	0	2	3
Kugel	0	0	1

Seite 101

2.

Quader, Prisma	Würfel, Quader	Prisma, Pyramide	Kegel, Zylinder

3.

a) b) c)
d) e) f)

Seite 102 - Bist du fit?

Für jedes richtige Ergebnis bekommst du einen Punkt.

1.

2.

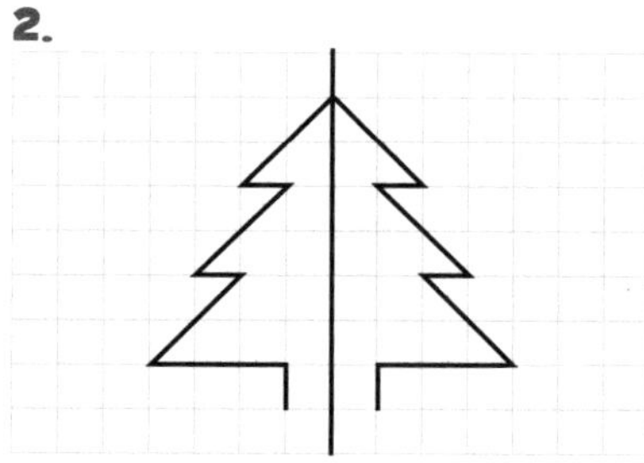

3.

a)

c)

b)

d)

Seite 103

4.

	Figur a)	Figur b)
Umfang	18	14
Fläche	8	8

5. (Pro Figur 1 Punkt)

	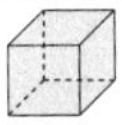	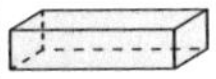	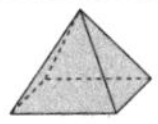	
Name	Würfel	Quader	Pyramide	Kugel
Ecken	8	8	5	0
Kanten	12	12	8	0
Flächen	6	6	5	1

6.

Beispiel: 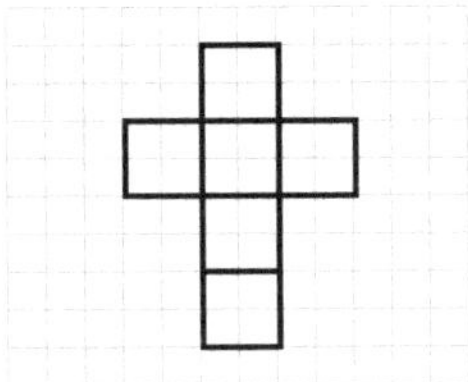

Auswertung

Von insgesamt **17 Punkten**
hast du ______ Punkte erreicht.

Super!	In Ordnung!	Bitte noch einmal üben!
17 bis 14 Punkte	13 bis 9 Punkte	Bis zu 8 Punkten

Seite 104 – Kapitel 10

1.

2, 3, 4, 5, 6, 7, 8, 9, 10, 11, 12

2.

Lisa: 20 Lucy: 24
Finn: 20 Chris: 16
Lucy ist die Siegerin.

3.

Summe 3: 1 + 2
Summe 10: 5 + 5, 6 + 4
Summe 12: 6 + 6
Summe 7: 3 + 4, 2 + 5, 1 + 6
Summe 11: 5 + 6
Summe 13: –

Seite 105

4.

gesamt	7	7	13	25	20	26	18	17	15	8	4

a) 7 b) 5 c) 7 d) 12
e) Es gibt unterschiedlich viele Möglichkeiten, eine Summe zu würfeln. 5, 6, 7, 8 kommen daher häufiger vor. 2, 3, 11, 12 seltener.

5.

richtig	falsch
☐	X
☐	X
X	☐
X	☐
X	☐

Seite 106

1.

F: Wie oft müssen 4 Kinder spielen, wenn jeder mit jedem einmal spielt?

Skizze: 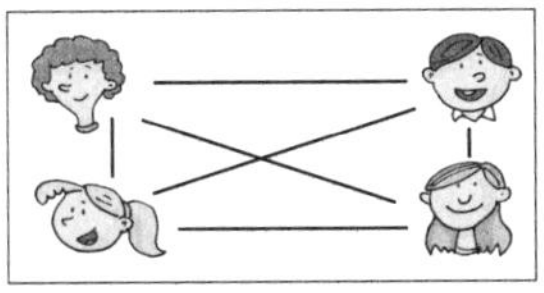

A: Die Kinder müssen 6-mal spielen.

2.

R: 4 + 4 + 4 + 4 = 16
(zu jedem T-Shirt 4 verschiedene Hosen)
A: Es gibt 16 Möglichkeiten.

Seite 107

3.

Skizze:

4 Töchter

je 3 Töchter

je 2 Töchter

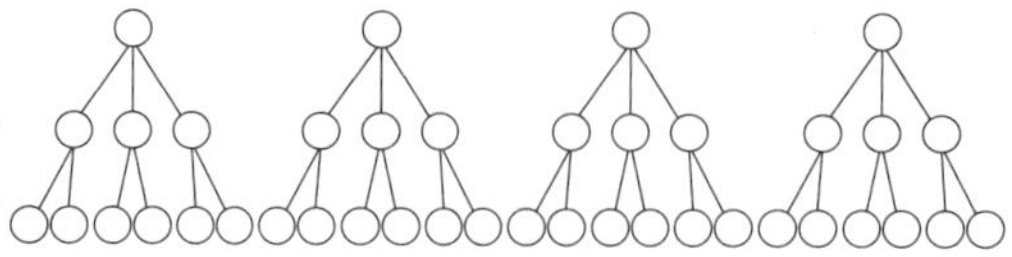

R: 6 + 6 + 6 + 6 = 24

A: 24 Urenkelinnen hat Uroma Maus.

4.

77 __ __ __ __ ungerade: 1, 3, 5, 7, 9

Beispiel:

77 1359	4 Möglichkeiten für die 3. Stelle,
77 1395	3 Möglichkeiten für die 4. Stelle,
77 1539	2 Möglichkeiten für die 5. Stelle,
77 1935	1 Möglichkeit für die 6. Stelle.
77 1953 …	4 • 3 • 2 • 1 = 24

A: Carolin hat 24 Möglichkeiten.

Seite 108 - Bist du fit?

Für jedes richtige Ergebnis bekommst du einen Punkt.

1.

richtig	falsch
X	
X	
	X
X	

2.

R: 3 • 6 + 2 • 5 = 18 + 10 = 28

A: 28 ist die höchstmögliche Augenzahl.

3.

R: 5 Hosen, zu jedem 3 Oberteile,
also 5 • 3 = 15 Kombinationen.

A: Es gibt 15 Kombinationen.

Seite 109

4.

r b g	r g b	g r b	g b r
b r g	b g r		

Antwort: Es gibt 6 Möglichkeiten.

5.

Hühner: 2 Beine — 20 Tiere

Schafe: 4 Beine — 54 Beine

Beispiel:

20 • 2 = 40, 54 – 40 = 14, 14 : 2 = 7;

7 Schafe, 20 – 7 = 13, 13 Hühner;

Probe: 7 • 4 + 13 • 2 = 28 + 26 = 54

Antwort: Es sind 7 Schafe und 13 Hühner.

Auswertung

Von insgesamt **12 Punkten**
hast du ______ Punkte erreicht.

Super!	In Ordnung!	Bitte noch einmal üben!
12 bis 10 Punkte	9 bis 6 Punkte	Bis zu 5 Punkten